Henry Hazlitt

WAS SIE ÜBER INFLATION WISSEN SOLLTEN

Die Wahrheit darüber, warum
Ihr Vermögen schrumpft

FBV

Bibliografische Information der Deutschen Nationalbibliothek
Die Deutsche Nationalbibliothek verzeichnet diese Publikation in der Deutschen Nationalbibliografie. Detaillierte bibliografische Daten sind im Internet über https://dnb.de abrufbar.

Für Fragen und Anregungen
info@finanzbuchverlag.de

2. Auflage 2023

Türkenstraße 89
80799 München
Tel.: 089 651285-0
Fax: 089 652096

»What You Should Know About Inflation« by Henry Hazlitt

Übersetzung: Stephan Gebauer-Lippert
Redaktion: Matthias Michel
Korrektorat: Hella Neukötter
Umschlaggestaltung: Laura Osswald
Umschlagabbildung: Shutterstock/Urheber: f11photo,
Getty Images/Urheber: DEA/G. DAGLI ORTI
Satz: Satzwerk Huber, Germering
Druck: GGP Media GmbH, Pößneck
Printed in Germany

ISBN Print 978-3-89879-954-6
ISBN E-Book (PDF) 978-3-86248-862-9
ISBN E-Book (EPUB, Mobi) 978-3-86248-863-6

Wir produzieren nachhaltig
www.m-vg.de

Weitere Informationen zum Verlag finden Sie unter
www.finanzbuchverlag.de
Beachten Sie auch unsere weiteren Verlage unter www.m-vg.de

Inhalt

Vorwort von Andreas Marquart

Als im Juni 2011 der damalige Präsident der Europäischen Zentralbank, Jean-Claude Trichet, den Karlspreis zu Aachen entgegennahm, sagte er in seiner Festrede: »Die Wirtschafts- und Währungsunion hat Preisstabilität gebracht. In den ersten zwölf Jahren nach der Euro-Einführung betrug die durchschnittliche jährliche Inflationsrate 1,97 Prozent. ... Hier in Aachen kann ich sagen: ›Stark wie die Mark‹ sollte der Euro werden, und stark wie die Mark ist er geworden.«

Mit keinen anderen Begriffen ist die Bevölkerung in der Wirtschaftsgeschichte mehr an der Nase herumgeführt worden als mit *Inflation, Inflationsrate* und *Preisstabilität*. Notenbanker, die Mehrheit der Ökonomen und nicht zuletzt Politiker haben es geschafft, dass beinahe jeder Bürger mit *Inflation* den Preisanstieg von Gütern und Dienstleistungen assoziiert.

Dabei ist das, was als Inflation zu bezeichnen ist, die Ausweitung der Geldmenge, leicht abzuleiten vom lateinischen Wort »inflare«, was so viel bedeutet wie »aufblähen«. So ist die breiteste Geldmenge M3 in der Eurozone seit Einführung der Gemeinschaftswährung um 134 Prozent gestiegen. Das entspricht einer jährlichen Rate von etwa 5,3 Prozent, was eine Teuerungsrate von knapp 2 Prozent natürlich moderat erscheinen lässt. Und nachdem die Teuerungsrate jüngst sogar in den negativen Bereich abzudriften und das so furchterregende Deflationsgespenst aus seinem Verließ zu entkommen drohte, sah die Europäische Zentralbank alle Argumente auf ihrer Seite, den Euroraum mit schier atemberaubenden Geldsummen zu fluten. Mit dem Fokus auf der Teuerungsrate und dem ewigen Argument der Preisstabilität wird von den stetig steigenden Geldmengen geschickt abgelenkt.

Dabei konnten die Volkswirtschaften im Euroraum im gleichen Zeitraum nur ein reales Wachstum von durchschnittlich 1,1 Prozent pro Jahr aufweisen. Wächst die Geldmenge aber dauerhaft schneller als die Gütermenge, muss man nicht Mathematik studiert haben, um daraus abzuleiten, dass die Güterpreise am Ende höher sein *müssen*, als wäre die Geldmenge nicht ausgeweitet worden. Der Leser sollte sich einmal kurz dem Gedankenexperiment hingeben, wo die enormen Produktivitätssteigerungen der letzten Jahrzehnte und die Eingliederung so vieler Schwellenländer in die internationale Arbeitsteilung die Konsumentenpreise ohne Geldmengenausweitung, also ohne *Inflation*, hin befördert hätten. Nach oben sicher nicht.

Der geniale und begnadete Autor Henry Hazlitt – nebenbei erwähnt ein langjähriger Weggefährte und Freund des sehr bedeutenden Ökonomen und Sozialphilosophen Ludwig von Mises (1881–1973) – hat ebenfalls kein Mathematikstudium absolviert. Er war Journalist, Autor und Autodidakt in Sachen Ökonomie. Möglicherweise ist das der Grund, aus dem seine Bücher so leicht lesbar sind. Seine unzähligen Artikel und Kolumnen, unter anderem in der *New York Times*, hat Hazlitt nicht für ein spezielles Fachpublikum, sondern für »Jedermann« geschrieben. Deshalb versteht ihn auch Jedermann, wenn er Volkswirtschaft erklärt. Sein Stil ist klar, präzise, schnörkellos – Hazlitt eben.

Roland Baader (1940–2012), als Autor und Ökonom ebenso brillant wie Hazlitt, und wie er und Mises Vertreter der Österreichischen Schule der Nationalökonomie, hat das inflationäre, staatlich organisierte Geldwesen einmal als das »größte Unglück der Menschheitsgeschichte« bezeichnet. Er hat nicht übertrieben. Die Gelddruck-Orgien der Notenbanken weltweit bedrohen die Lebensersparnisse der Bürger. Und die sollten sich nicht mit der Plattitüde beruhigen lassen, dieses Mal sei alles anders. Gerade die deutsche Bevölkerung sollte doch wissen, dass Inflation nicht einfach so daherkommt. Sie ist gemacht von Notenbankern, denen von den ihnen nahestehenden, ausgabefreudigen Regierungen kein Einhalt geboten wird. Die Geldhalter sollten sich gegen die drohende Entwertung wappnen. Das fällt umso leichter, wenn man Hazlitt gelesen hat. Denn besser als er kann man Inflation nicht erklären.

Andreas Marquart,
Vorstand des Ludwig von Mises Institut Deutschland
im Februar 2017

Vorwort

Dieses Buch erschien erstmals im Jahr 1960 und wurde fünf Jahre später in einer überarbeiteten Ausgabe veröffentlicht. Kein Buch über die Inflation kann vollkommen aktuell sein. Jeden Monat werden neue Statistiken über Großhandels- und Verbraucherpreise veröffentlicht. Jede Woche werden neue Zahlen zur Entwicklung der Geldmenge vorgelegt. Auf den Warenmärkten ändern sich die Preise täglich und stündlich. Und solange die Inflation anhält, steigen die meisten dieser Werte.

Die Frage, was seit Erscheinen der Auflage von 1960 oder jener von 1965 geschehen ist, könnte ich in einem kurzen Satz beantworten: Die Inflation hält an. Zwischen Ende 1964 und Ende 1967 ist die Geldmenge (Bargeld plus Bankeinlagen) um 22 Milliarden Dollar, das heißt um 12 Prozent angewachsen. Zwischen 1959 und 1967 wurde die Menge an Papiergeld um 40 Milliarden Dollar oder 22 Prozent erhöht. Zwischen Ende 1964 und 1967 sind die Großhandelspreise um 7 Prozent gestiegen. Im selben Zeitraum sind die Lebenshaltungskosten um 10 Prozent gestiegen. Zwischen Ende 1959 und 1967 hat sich das Leben um 17 Prozent verteuert.

Wenn wir weiter in die Vergangenheit zurückgehen, stellen wir fest, dass die Lebenshaltungskosten zwischen 1939 und 1967 um 145 Prozent gestiegen sind, was bedeutet, dass man im Jahr 1967 1 Dollar braucht, um kaufen zu können, was man 1939 für 41 Cent bekam.

Mit anderen Worten: Die Inflation der letzten dreißig Jahre hat bereits rund 60 Prozent der Kaufkraft der Spareinlagen, Anleihen (einschließlich von Staatsanleihen), Lebensversicherungen und Renten ausgelöscht. Sie hat die Armen und Alten und all jene ärmer gemacht, die in Finanzdingen nicht bewandert sind oder über keine ausreichenden Ressourcen für den Vermögensaufbau verfügen, um die richtigen Aktien, Immobilien oder Gemälde berühmter Künstler zu kaufen und sich mit solchen Geldanlagen bis zu einem gewissen

Grad gegen den schwindenden Wert ihres Papiergelds abzusichern. Noch schlimmer ist, dass bei all denen, die im Ruhestand, zu alt, um zu arbeiten, oder arbeitsunfähig sind, die Aussicht auf eine Fortsetzung der Geldentwertung die quälende Angst vor einem fortschreitenden, aber unmöglich abzuschätzenden Kaufkraftverlust ihrer Renten oder Ersparnisse geweckt wird.

Es klingt wie ein Hohn, dass der »Krieg gegen die Armut«, der mit massiven öffentlichen Ausgaben und chronischen Haushaltsdefiziten einhergeht, Millionen Menschen nur in noch tiefere Armut gestürzt hat.

Es ist unmöglich, alle Bürger gegen die Inflation zu schützen (warum das so ist, werde ich in Kapitel 43 erklären). Das kann immer nur einer Minderheit auf Kosten der Mehrheit gelingen. Um die von der Inflation verursachten Schäden zu verhindern, können wir nur eins tun: Wir müssen die Inflation an sich verhindern. Und das ist etwas, was jede Regierung tun kann, wenn sie den Willen dazu hat.

Henry Hazlitt
im Mai 1968

Kapitel 1
Was ist Inflation?

Über kaum einen Aspekt der Wirtschaft wird heute mehr diskutiert als über die Inflation. Und über kaum ein Phänomen herrscht ähnlich große Verwirrung. Die Politiker sprechen darüber, als handele es sich um ein Unheil, das über uns hereinbricht, ohne dass wir es beeinflussen könnten, wie eine Flutkatastrophe, eine feindliche Invasion oder eine Epidemie. Sie versprechen, dagegen zu »kämpfen«, wenn ihnen das Parlament oder die Gesellschaft nur die geeigneten »Waffen« oder eine »starke rechtliche Handhabe« geben, um die Herausforderung zu bewältigen.

Die Wahrheit ist jedoch, dass unsere politischen Führer die Inflation mit ihrer Geld- und Haushaltspolitik erst erzeugen. Sie versprechen, ein Problem, das sie mit der linken Hand verursacht haben, mit der rechten zu lösen.

Inflation wird immer und überall in erster Linie durch eine Erhöhung der Geld- und Kreditmenge verursacht. Tatsächlich *ist* die Inflation ein Anstieg der Menge an Geld und Krediten. Das *American College Dictionary* beispielsweise bietet die folgende Definition des Phänomens:

> *»Übertriebene Ausweitung oder Vermehrung der Währung eines Landes, insbesondere durch die Ausgabe von Papiergeld, das nicht in Gold eingelöst werden kann.«*

In den letzten Jahren hat der Begriff jedoch eine vollkommen andere Bedeutung erhalten. Über diesen Wandel gibt die zweite Definition im *American College Dictionary* Aufschluss:

> *»Ein substanzieller Preisanstieg infolge einer übertriebenen Ausweitung der Menge an Papiergeld oder Bankkrediten.«*

Nun ist ein durch eine Expansion der Geldmenge *verursachter* Preisanstieg offensichtlich nicht dasselbe wie eine Expansion der Geldmenge an sich. Eine Ursache oder Bedingung ist offenkundig nicht identisch mit einer ihrer Konsequenzen. Die Verwendung des Worts »Inflation« mit diesen beiden sehr verschiedenen Bedeutungen führt zu endloser Verwirrung.

Ursprünglich bezog sich der Begriff »Inflation« ausschließlich auf die Geldmenge. Er bedeutete, dass das Volumen an Geld *anschwoll* oder *aufgeblasen* wurde (vom lateinischen *inflare*: aufblasen, anschwellen). Es ist keine bloße Pedanterie, darauf zu beharren, das Wort möge nur in seiner ursprünglichen Bedeutung verwendet werden. Indem man behauptet, Inflation bedeute einen »Preisanstieg«, lenkt man die Aufmerksamkeit von ihren wirklichen Ursachen und vom geeigneten Gegenmittel ab.

Sehen wir uns an, was geschieht, wenn Inflation herrscht, und warum es geschieht. Wenn die Geldmenge steigt, haben die Unternehmen und Konsumenten mehr Geld, mit dem sie Güter und Dienstleistungen bezahlen können. Steigt das Güterangebot nicht – oder steigt es nicht im selben Umfang wie das Angebot an Geld –, so steigen die Preise der Güter. Da es mehr Dollar gibt, verliert jeder einzelne Dollar an Wert. Daher müssen mehr Dollar für ein Paar Schuhe oder eine Tonne Weizen angeboten werden als gestern. Ein »Preis« ist ein *Wechselkurs* zwischen einer Geldeinheit und einer Gütereinheit. Wenn die Menschen mehr Dollar haben, messen sie jedem einzelnen Dollar weniger Wert bei. In der Folge steigen die Preise der Güter – nicht weil die Güter knapper sind als zuvor, sondern weil es ein größeres Angebot an Geld gibt.

In früheren Zeiten erhöhten Regierungen die Geldmenge, indem sie die Münzen beschnitten oder ihren Edelmetallgehalt verringerten. Dann fanden sie heraus, dass sie billiger und schneller neues Geld erzeugen konnten, indem sie die Notenpressen anwarfen und mehr Papiergeld in Umlauf brachten. Das geschah mit den Assignaten, die während der Französischen Revolution ausgegeben wurden, und mit der amerikanischen Währung im Unabhängigkeitskrieg. Mittlerweile bedienen sie sich einer Methode, die weniger direkt ist: Unsere Regierung verkauft ihre Anleihen und andere Schuldverschreibungen an die Banken. Indem die Banken dafür zahlen, erzeugen sie »Einlagen« in ihren Büchern, die der Staat abrufen kann. Die Banken können die staatlichen Schuldverschreibungen ihrerseits an die Zentralbank verkaufen, die dafür bezahlt, indem sie entweder einen Einlagenkredit erzeugt oder weitere Banknoten druckt und ausgibt. So wird Geld geschaffen.

Der Großteil der »Geldmenge« besteht nicht in Banknoten, die den Besitzer wechseln, sondern in Bankeinlagen, die mit Schecks gezogen werden. Wenn Volkswirte die Geldmenge messen, addieren sie die Sichteinlagen (und mittlerweile oft auch die Termineinlagen) mit dem außerhalb der Banken in Umlauf befindlichen Bargeld, um auf den Gesamtwert zu kommen. Die Gesamtmenge an Geld und Kreditgeld einschließlich der kurzfristigen Termineinlagen stieg in den Vereinigten Staaten zwischen 1939 und 1967 von 51 Milliarden auf 365 Milliarden Dollar. Dieser Anstieg der Geldmenge um 612 Prozent war der Hauptgrund für den Anstieg der Großhandelspreise um 153 Prozent im selben Zeitraum.

Kapitel 2
Einige klärende Ergänzungen

Wir hören oft, es sei eine »übertriebene Vereinfachung«, die Inflation ausschließlich einem Anstieg der Geldmenge zuzuschreiben. Das ist richtig. Es bedarf einiger zusätzlicher Erklärungen.

Beispielsweise dürfen wir uns die »Geldmenge« nicht einfach als die Menge des Bargelds vorstellen, das in Umlauf ist. Sie beinhaltet auch die Menge des von den Banken ausgegebenen Kreditgelds – insbesondere in den Vereinigten Staaten, wo die meisten Zahlungen per Scheck oder anderweitig bargeldlos erfolgen.

Es wäre auch eine übermäßige Vereinfachung zu sagen, der Wert eines Dollar hänge einfach vom *gegenwärtigen* Angebot an Dollar ab. Er hängt auch vom *erwarteten zukünftigen* Geldangebot ab. Wenn die meisten Leute fürchten, dass im nächsten Jahr noch mehr Dollar in Umlauf sein werden als gegenwärtig, so wird der gegenwärtige Wert des Dollar (gemessen an seiner Kaufkraft) niedriger sein, als die gegenwärtige Menge an Dollar eigentlich nahelegen würde.

Der Wert einer Währungseinheit hängt nicht nur von ihrer *Quantität*, sondern auch von ihrer *Qualität* ab. Wenn ein Land beispielsweise den Goldstandard aufgibt, bedeutet das de facto, dass sich das Gold – oder besser, das Recht, die von der Zentralbank dieses Landes ausgegebenen Banknoten in Gold umzutauschen – plötzlich in bloßes Papier verwandelt. Das hat normalerweise zur Folge, dass der Wert der betreffenden Währungseinheit augenblicklich fällt, selbst wenn die Geldmenge nicht erhöht wird. Der Grund dafür ist, dass die Bevölkerung mehr Vertrauen in das Gold als in die Versprechen oder die Urteilskraft der Personen hat, die für die staatliche Geldpolitik verantwortlich sind. Tatsächlich gibt es kaum ein historisches Beispiel für ein Land, in dem eine Abkehr vom Goldstandard nicht rasch zu einem deutlichen Anstieg der Bankkredite und zu einer Erhöhung der Geldmenge führte.

Der Wert einer Währung schwankt also im Grunde aus denselben Gründen wie der Wert aller anderen Güter. So wie der Wert einer Tonne Weizen nicht nur vom gegenwärtigen Weizenangebot, sondern auch vom erwarteten zukünftigen Angebot und von der Qualität des Weizens abhängt, hängt der Wert eines Dollar von ähnlichen Faktoren ab. Der Wert des Geldes wird wie der Wert eines Guts nicht einfach von mechanischen oder materiellen Beziehungen, sondern in erster Linie von psychologischen Faktoren bestimmt, die oft kompliziert sind.

Wenn wir über die Ursachen der Inflation und über geeignete Gegenmaßnahmen nachdenken, ist es etwas ganz anderes, ob wir die tatsächlichen Komplikationen berücksichtigen oder ob wir uns von unnötigen oder inexistenten Komplikationen verwirren und irreführen lassen.

Beispielsweise wird oft behauptet, der Wert des Dollar hänge nicht nur von der Menge des zirkulierenden Geldes, sondern auch von der »Geschwindigkeit des Geldumlaufs« ab. Aber ein beschleunigter Geldumlauf ist nicht die Ursache für einen weiteren Wertverlust des Dollar, sondern eine der Konsequenzen der Befürchtung, der Wert des Dollar werde fallen – oder, um es andersherum zu betrachten, der Überzeugung, der Preis der Güter werde steigen. Diese Überzeugung bewegt die Menschen dazu, mehr Dollar gegen Güter zu tauschen. Dass sich einige Autoren auf die »Geschwindigkeit des Geldumlaufs« konzentrieren, ist nur ein weiteres Beispiel für den verbreiteten Fehler, reale psychologische durch zweifelhafte mechanische Gründe zu ersetzen.

Eine weitere Sackgasse: Die Kritik jener, die darauf hinweisen, dass die Inflation in erster Linie durch eine Vermehrung des Geldes und des Kredits verursacht wird, wird mit der Behauptung gekontert, der Anstieg der Güterpreise gehe dem Anstieg der Geldmenge oft voraus. Das ist durchaus richtig. Genau das geschah unmittelbar nach Ausbruch des Koreakriegs. Strategische Rohstoffe verteuerten sich, da die Marktteilnehmer befürchteten, sie würden knapp werden. Spekulanten und Produzenten begannen sie auf Vorrat zu kaufen und zu horten, um sie später mit Gewinn zu verkaufen oder die Produktion zu sichern. *Aber dafür mussten sie sich zusätzliches Geld von den Banken leihen.* Der Preisanstieg ging mit einem entsprechenden

Anstieg der Bankkredite und -einlagen einher. Vom 31. Mai 1950 bis zum 30. Mai 1951 wuchs das Kreditvolumen der Banken um 12 Milliarden Dollar. Wären diese Kredite nicht aufgenommen worden und wäre nicht neues Geld (im Umfang von 6 Milliarden Dollar bis Ende Januar 1951) begeben worden, so hätte die Teuerungsrate nicht aufrechterhalten werden können. Der Preisanstieg wurde also nur durch ein erhöhtes Geldangebot ermöglicht.

Kapitel 3
Einige verbreitete Irrtümer

Einer der hartnäckigsten Irrtümer über die Inflation ist die Annahme, sie werde nicht durch einen Anstieg der Geldmenge, sondern durch eine »Verknappung der Güter« verursacht.

Es stimmt, dass ein *Preisanstieg* (der, wie wir gesehen haben, nicht mit Inflation gleichgesetzt werden darf) *entweder* durch eine Erhöhung der Geldmenge *oder* durch einen Engpass in der Güterversorgung – oder durch beide – verursacht werden kann. Weizen zum Beispiel kann sich verteuern, weil die Geldmenge steigt oder weil es zu Ernteausfällen kommt. Aber selbst unter Kriegsbedingungen sehen wir selten einen *allgemeinen* Preisanstieg infolge einer *allgemeinen* Verknappung der Güter. Dieser Irrtum hält sich allerdings derart hartnäckig, dass in Deutschland sogar nach einem milliardenfachen Preisanstieg im Jahr 1923 Regierungsvertreter und Millionen Bürger das Problem auf eine allgemeine »Verknappung der Güter« zurückführten, obwohl zu jener Zeit Ausländer mit Gold oder ihren eigenen Währungen in Deutschland einkauften, weil die Produkte dort billiger waren als in ihren Heimatländern.

Auch die Teuerung in den Vereinigten Staaten seit 1939 wird immer wieder mit einer »Güterverknappung« erklärt. Aber die amtlichen Statistiken zeigen, dass die amerikanische Industrieproduktion im Jahr 1959 um 177 Prozent höher war als 1939; sie hatte sich in diesen zwei Jahrzehnten also fast verdreifacht. Auch die Erklärung, ein allgemeiner Preisanstieg in Kriegszeiten werde durch einen Mangel an *zivilen* Gütern verursacht, hält einer genauen Prüfung nicht stand. Selbst wenn die zivilen Güter in Kriegszeiten wirklich knapp werden, verursacht diese Knappheit keinen substanziellen Preisanstieg, wenn die Steuern einen ebenso großen Anteil der zivilen Einkommen aufzehren, wie die Aufrüstung von den Produktionskapazitäten für zivile Güter aufzehrt.

Das bringt uns zu einer weiteren Quelle von Verwirrung. Eine verbreitete Ansicht geht davon aus, ein Haushaltsdefizit sei an sich sowohl eine notwendige als auch eine hinreichende Bedingung für Inflation. Doch ein Haushaltsdefizit, wenn es zur Gänze mit dem Verkauf von Staatsanleihen finanziert wird, die zur Gänze mit realen Ersparnissen bezahlt werden, muss keineswegs eine Inflation verursachen. Umgekehrt verhindert selbst ein Haushaltsüberschuss nicht automatisch eine Inflation. Das zeigte sich im amerikanischen Haushaltsjahr, das am 30. Juni 1951 endete: Trotz eines Budgetüberschusses von 3,5 Milliarden Dollar wurde in jenem Jahr eine hohe Inflation beobachtet. Dasselbe geschah trotz Haushaltsüberschüssen in den Jahren 1956 und 1957. Kurz gesagt ist ein Budgetdefizit nur insofern inflationär, als es *die Geldmenge erhöht*. Es kann auch mit einem Haushaltsüberschuss zur Inflation kommen, wenn trotz des Überschusses die Geldmenge erhöht wird.

Dieselbe Kausalkette ist bei allen Einflüssen zu beobachten, die sogenannten »Inflationsdruck« erzeugen, vor allem bei der »Lohn-Preis-Spirale«. Ginge einem Lohnanstieg nicht eine Erhöhung der Geldmenge voraus oder würde sie ihn nicht begleiten oder auf ihn folgen, so würde er über das »Gleichgewichtsniveau« hinaus nicht zu einer Inflation, sondern einfach zu einem Anstieg der Arbeitslosigkeit führen. Und ein Preisanstieg ohne Anstieg des Bargelds in den Geldbörsen der Konsumenten hätte lediglich einen Absatzrückgang zur Folge. Lohn- und Preisanstiege sind also normalerweise eine *Konsequenz* der Inflation. *Verursachen* können sie Inflation nur, wenn sie einen Anstieg der Geldmenge erzwingen.

Kapitel 4
Ein Zwanzig-Jahres-Rekord

In diesem Kapitel werden wir uns ein Diagramm ansehen, das veranschaulicht, wie sich die Lebenshaltungskosten über einen Zeitraum von zwanzig Jahren (1939–1959) im Verhältnis zu den Großhandelspreisen, den Bankeinlagen und dem Geldumlauf entwickelt haben.

Wenn wir von einem Basiswert 100 im Jahr 1939 ausgehen, stellen wir fest, dass die Lebenshaltungskosten (Verbraucherpreise) bis 1959 um 113 stiegen, während die Großhandelspreise in diesem Zeitraum um 136 Prozent und die gesamten Bankeinlagen und der Geldumlauf um 270 Prozent stiegen.

Die Ursache für den Anstieg der Großhandels- und Verbraucherpreise war der Anstieg der Geld- und Kreditmenge. Es gab keine »Güterknappheit«. Wie wir im vorigen Kapitel gesehen haben, erhöhte sich die Industrieproduktion in diesen zwei Jahrzehnten um 177 Prozent. Aber während sich die Industrieproduktion fast verdreifachte, stieg die Geld- und Kreditmenge beinahe auf das Vierfache. Ohne den Produktionszuwachs wäre die Teuerungsrate sehr viel größer ausgefallen.

Wie wir ebenfalls im vorigen Kapitel gesehen haben, kann der Preisanstieg auch nicht mit höheren Lohnforderungen, das heißt mit einem »Kostenauftrieb« erklärt werden. Diese Vorstellung stellt Ursache und Wirkung auf den Kopf. »Kosten« sind Preise – Preise von Rohstoffen und Arbeit – und steigen aus denselben Gründen wie andere Preise.

Würden wir für dieses Diagramm einen Zeitraum von neunundzwanzig Jahren berücksichtigen – würden wir die Kurven bis 1967 verlängern –, so würden wir feststellen, dass sich die Lebenshaltungskosten seit 1939 um 144 Prozent und die Großhandelspreise um 153 Prozent erhöhten, während die Bankeinlagen und der Geldumlauf um 612 Prozent stiegen.

Ein Zwanzig-Jahres-Rekord

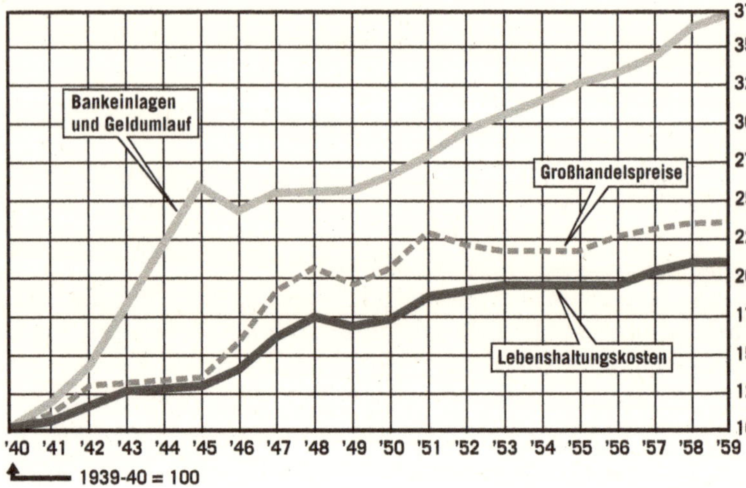

Kapitel 5
Das falsche Heilmittel: Preiskontrolle

Solange wir eine falsche Vorstellung von den Ursachen der Inflation haben, werden wir zu den falschen Gegenmitteln greifen. Beispielsweise sehen jene, die eine »Güterknappheit« für die Hauptursache der Inflation halten, die Antwort in einer erhöhten Produktion. Aber das ist bestenfalls eine Halbwahrheit. Es ist unmöglich, die Preise durch eine Erhöhung der Produktion zu senken, wenn gleichzeitig die Geldmenge weiter erhöht wird.

Der größte Fehler überhaupt besteht darin zu versuchen, die Inflation zu bremsen, indem man die Preise und die Löhne festsetzt. Wird zusätzliches Geld in Umlauf gebracht, während die Preise niedrig gehalten werden, so werden die meisten Verbraucher Geld übrighaben, mit dem sie zusätzliche Güter kaufen können. Das Endergebnis werden in Ermangelung eines entsprechenden Produktionsanstiegs zwangsläufig höhere Preise sein.

Grob gesagt gibt es zwei Arten der Preiskontrolle, nämlich die »selektive« und die »generelle«. Mit einer selektiven Preisbindung versucht der Staat, lediglich die Preise einiger strategischer Rüstungsgüter oder Basisgüter zu fixieren. Die Folge ist jedoch, dass die Gewinnmarge der Produzenten dieser Güter gegenüber der Gewinnmarge von Produzenten anderer Güter (einschließlich von Luxusgütern) abnimmt. Daher führt die »selektive« Preiskontrolle rasch zu einer Verknappung eben jener Dinge, deren Produktion der Staat gewährleisten wollte. Daraufhin gehen die Bürokraten dazu über, einfach alle Preise festzusetzen. Im Kriegsfall etwa sprechen sie darüber, das Preis- und Lohnniveau festzuschreiben, das bei Kriegsausbruch galt. Aber dieses Preisniveau und die ungeheuer komplexen Wechselbeziehungen zwischen Preisen und Löhnen waren das Ergebnis der Angebots- und Nachfragesituation zu diesem

Zeitpunkt. Und selbst wenn sich die Geldmenge kaum verändert, bleiben Angebot und Nachfrage für ein Handelsgut selten zwei Tage lang unverändert.

Nach einer vorsichtigen Schätzung gibt es in den Vereinigten Staaten rund neun Millionen verschiedene Preise. Ausgehend von diesem Wert haben wir es mit mehr als 40 Billionen Wechselbeziehungen zwischen diesen Preisen zu tun, und die Veränderung eines Preises wirkt sich zwangsläufig auf ein ganzes Netz anderer Preise aus. So werden beispielsweise noch am Tag vor einem unerwarteten Kriegsausbruch Preise und Preisbeziehungen ermittelt, die eine optimale Produktion von Gütern für *Friedenszeiten* gewährleisten. Diese Preise und Preisbeziehungen sind offenkundig ungeeignet, um die optimale Produktion von Gütern in *Kriegszeiten* zu gewährleisten. Obendrein beinhaltet das Preisgefüge jedes gegebenen Tages zahlreiche Fehlurteile und »Ungerechtigkeiten«. Kein menschlicher Verstand und keine Bürokratie verfügt über ausreichendes Wissen, um diese Fehler zu korrigieren. Wann immer ein Bürokrat versucht, einen nicht richtig festgelegten Preis oder Lohn zu korrigieren, erzeugt er eine Vielzahl neuer Fehler. Und es gibt keinen exakten Maßstab, auf den sich zwei Personen einigen könnten, um die wirtschaftliche »Ungerechtigkeit« in einem bestimmten Fall zu messen.

Kurz gesagt würde eine Preiskontrolle selbst dann ein unlösbares Problem heraufbeschwören, wenn die dafür verantwortlichen Personen die am besten informierten Volkswirte, Statistiker und Unternehmer des Landes wären und vollkommen unparteiisch handelten. In der Praxis stehen sie unter gewaltigem Druck seitens verschiedener Interessengruppen. Die Preis- und Lohnbindung ist eine wirkungsvolle Waffe, mit der man sich politische Unterstützung sichern oder politische Gegner bestrafen kann. Deshalb werden die Preise von Agrarprodukten und die Löhne automatisch angepasst, während die industriellen Erzeugerpreise und die Wohnungsmieten festgeschrieben werden.

Eine weitere schädliche Auswirkung von Preiskontrollen besteht darin, dass sie zwar immer mit dem Hinweis auf einen angeblichen »Notstand« eingeführt werden, jedoch bestimmten Gruppen Vorteile verschaffen, die diese Gruppen nur ungern wieder aufgeben. Typische Beispiele dafür sind Mietpreisbindungen und die Wechselkurskontrolle. Preiskontrollen sind der entscheidende Schritt zur Planwirtschaft. Die Bevölkerung beginnt es als normal zu betrachten, dass der Staat in sämtliche wirtschaftliche Transaktionen eingreift.

Aber unter dem Gesichtspunkt der Inflation besonders schwerwiegend ist, dass Preiskontrollen die Aufmerksamkeit vom einzigen wirklichen Grund der Inflation ablenken, nämlich vom Wachstum der Geld- und Kreditmenge. So verschärften Preiskontrollen die Inflation, die sie eigentlich bekämpfen sollten.

Kapitel 6
Das richtige Heilmittel gegen die Inflation

Wie die meisten funktionierenden Heilmethoden beruht auch jene zur Bekämpfung der Inflation darauf, die Ursache der Krankheit zu beseitigen. Die Ursache der Inflation ist ein übermäßiges Wachstum der Geld- und Kreditmenge. Die richtige Therapie besteht also darin, die Vergrößerung der Geld- und Kreditmenge zu stoppen. Um die Inflation zu beseitigen, muss der Staat lediglich aufhören, die Geldmenge aufzublähen.

Aber so einfach diese Lösung im Prinzip ist, so komplex und unangenehm sind die Entscheidungen, die gefällt werden müssen, um sie in die Tat umzusetzen. Beginnen wir mit dem Staatshaushalt. Mit einem hohen Haushaltsdefizit ist es beinahe unmöglich, eine Geldentwertung zu vermeiden. Ein Haushaltsdefizit wird mit einiger Sicherheit mit inflationären Eingriffen finanziert: Es wird direkt oder indirekt mehr Geld gedruckt. Hohe Staatsausgaben wirken nicht an sich inflationär, sofern sie zur Gänze mit den Steuereinnahmen oder mit Krediten bestritten werden, die mit echten Ersparnissen bedient werden. Haben die Ausgaben jedoch erst einmal einen bestimmten Punkt überschritten, so stößt der Staat bei beiden Finanzierungsmethoden auf so große Schwierigkeiten, dass er sein Heil fast zwangsläufig darin sucht, die Notenpresse anzuwerfen.

Dazu kommt, dass hohe Staatsausgaben, die mit Steuereinnahmen bestritten werden, zwar nicht notwendigerweise *inflationär* wirken, aber zwangsläufig die Produktion bremsen und die freie Marktwirtschaft untergraben. Das Gegenmittel gegen die Überforderung des Staates durch hohe Ausgaben ist daher nicht ein Ausgleich durch entsprechend hohe Steuern, sondern die Abkehr von einer unvernünftigen Ausgabenpolitik.

Im Bereich der Geldpolitik müssen das Finanzministerium und das Federal Reserve System, die Zentralbank, aufhören, künstlich billiges Geld zu erzeugen, das heißt, sie müssen aufhören, die Zinsen niedrig zu halten. Die Federal Reserve darf nicht zu der früheren Politik zurückkehren, Staatsanleihen zum Nennwert zu kaufen. Indem die Zinsen künstlich niedrig gehalten werden, wird die Kreditaufnahme angeregt. Das führt zu einem Anstieg der Geld- und Kreditmenge. Der Prozess funktioniert in beide Richtungen, denn man muss die Geld- und Kreditmenge erhöhen, um die Zinsen künstlich niedrig zu halten. Wenn wir von einer »Politik des billigen Geldes« oder vom Aufkauf von Staatsanleihen durch die Zentralbank sprechen, betrachten wir also lediglich denselben Mechanismus aus verschiedenen Richtungen. Wenn die Federal Reserve dem Staat mit 2,5 Prozent verzinste Anleihen zum Nennwert abkauft, hält sie den langfristigen Zinssatz bei 2,5 Prozent. Und diese Anleihen bezahlt sie de facto, indem sie mehr Geld druckt. Das wird als »Monetarisierung« der öffentlichen Schulden bezeichnet: Schulden werden in Geld umgewandelt. Die Inflation setzt sich fort, solange dieser Prozess andauert.

Wenn sich die Zentralbank entschließt, ihrer Verantwortung gerecht zu werden und die Inflation zu bremsen, wird sie die Versuche aufgeben, die Zinsen zu drücken und die Staatsschulden zu monetarisieren. Tatsächlich sollte sich die Federal Reserve auf die Tradition besinnen, dass ihr Diskontsatz im Normalfall, vor allem aber in einer Inflationsphase, ein »Strafzins« sein sollte, das heißt ein Zinssatz, der höher ist als jener, den die Banken ihren Kunden für Darlehen verrechnen.

Der Kongress sollte die gesetzlich vorgeschriebene Mindestreserve der zwölf Federal-Reserve-Banken wieder auf das frühere Niveau von 35 bis 40 Prozent anheben und die Verringerung auf das (obendrein erneut herabgesetzte) Niveau von 25 Prozent rückgängig machen, mit der im Juni 1945 versucht wurde, die wirtschaftliche Erholung nach dem Krieg zu beschleunigen. Später werden wir uns mit weiteren Maßnahmen beschäftigen, die geeignet sind, eine unangemessene Erhöhung der Geld- und Kreditmenge zu verhindern. An dieser Stelle möchte ich meiner Überzeugung Ausdruck verleihen, dass die Welt die gegenwärtige Inflationsphase nur hinter sich lassen kann, indem sie zum Goldstandard zurückkehrt. Der Goldstandard hielt die interne Kreditexpansion praktisch automatisch in Schach. Und genau deshalb warfen ihn die Bürokraten über Bord. Er ist nicht nur ein Schutz gegen die Inflation, sondern er hat das einzige System begründet, das der Welt jemals so etwas wie eine globale Währung verschafft hat.

Die erste Frage, die wir uns heute stellen müssen, lautet nicht, *wie* die Inflation gestoppt werden kann, sondern vielmehr, *ob* wir tatsächlich entschlossen sind, sie zu stoppen. Eine der Wirkungen der Inflation ist, dass sie zu einer Umverteilung von Vermögen und Einkommen führt. In einem frühen Stadium (das heißt, bevor sie beginnt, die Produktion zu verzerren und zu untergraben) begünstigt die Inflation bestimmte Gruppen auf Kosten anderer. Die Begünstigten haben ein Interesse daran, die Geldentwertung fortzusetzen. Zu viele von uns halten an dem Irrglauben fest, wir könnten der Inflation ein Schnippchen schlagen und unser Einkommen schneller als unsere Lebenshaltungskosten erhöhen. Daher sind die Klagen über die Inflation oft unaufrichtig. Viele von uns meinen in Wahrheit: »Sorgt dafür, dass die Einkommen mit Ausnahme meines eigenen nicht steigen.«

Die Regierungen sind die schlimmsten Heuchler. Sie behaupten, die Inflation zu bekämpfen und sich gleichzeitig um »Vollbeschäftigung« zu bemühen. Ein Anhänger der Inflation drückte es im *Economist* (London) so aus: »Die Inflation macht neun Zehntel *jeder* Vollbeschäftigungspolitik aus.«

Er vergaß hinzuzufügen, dass die Inflation immer in einer Krise und in einer Rezession endet. Und vielleicht noch schlimmer als die Wirtschaftskrise selbst ist die Fehleinschätzung der Allgemeinheit, die Rezession sei nicht durch die Inflation, sondern durch die inhärenten Mängel des »Kapitalismus« heraufbeschworen worden.

Zusammenfassend können wir feststellen, dass die Inflation ein Anstieg der Geld- und Kreditmenge im Verhältnis zur Menge an Gütern ist. Die Inflation ist schädlich, weil sie den Wert der Währungseinheit verringert, die Lebenshaltungskosten erhöht, den Ärmsten (ohne Ausnahme) de facto eine ebenso hohe Steuer auferlegt wie den Reichen, den Wert der Ersparnisse auslöscht, den Menschen den Anreiz zum Sparen nimmt, Vermögen und Einkommen ungerecht umverteilt, die Spekulation anheizt und belohnt, während sie Sparsamkeit und Arbeit bestraft, das Vertrauen in die Gerechtigkeit der freien Marktwirtschaft untergräbt und die öffentliche und private Moral schwächt.

Aber die Inflation ist nie »unvermeidlich«. Wir können sie immer über Nacht stoppen, wenn wir es nur wirklich wollen.

Kapitel 7
Die zwei Gesichter der Inflation

Leider müssen wir feststellen, dass die breite Öffentlichkeit die wahre Ursache der Inflation und das richtige Heilmittel für sie nicht nur nicht versteht, sondern sich der Inflation auch nicht geschlossen entgegenstemmt. Die Inflation weckt widersprüchliche Empfindungen. Der Grund dafür ist, dass sie wie Janus zwei Gesichter hat. Ob wir sie begrüßen oder fürchten, hängt davon ab, welches dieser beiden Gesichter wir gerade sehen. Wir können es auch anders ausdrücken: Jeder von uns ist in seiner Beziehung zur Inflation manchmal Dr. Jekyll und manchmal Mr. Hyde, je nachdem, wie sie sich gerade auf unsere persönlichen Interessen auswirkt.

Ein schönes Anschauungsbeispiel dafür liefert eine Botschaft von Präsident Truman an den Kongress im Jahr 1947. »Die Inflation hat ein alarmierendes Ausmaß angenommen«, stellte Truman fest, »und noch beunruhigender ist, dass sie weiter steigt.« Aber der Präsident verurteilte die schädlichen Auswirkungen der Inflation, um im nächsten Augenblick voller Stolz auf ihre vorteilhaften Auswirkungen zu verweisen. Er nahm ihre populären Konsequenzen für sich in Anspruch und gab seinen politischen Gegnern die Schuld an ihren unpopulären Folgen. Wie die meisten von uns wollte der Präsident seine Schuhe außen klein und innen groß.

Es sollte uns allen klar sein, dass die hohen Preise, über die wir uns alle beklagen, und die hohen Einkommen, von denen wir alle träumen, zwei Seiten derselben Medaille sind. Wenn man bei gleichbleibender Produktion das Preisniveau verdoppelt, verdoppelt man auch das Sozialprodukt. Als Präsident Truman im Juli 1947 stolz verkündete, das Bruttosozialprodukt der Vereinigten Staaten habe einen neuen Rekordstand von 225 Milliarden Dollar erreicht, brüstete er sich im Wesentlichen mit den höheren Beträgen, die man erhält, wenn man die Produktionsmenge mit höheren Preisen multipliziert.

In seiner Botschaft zur »Inflationsbekämpfung« erklärte Truman: »Gemessen an der realen Kaufkraft ist das Durchschnittseinkommen der Amerikaner nach Steuern (seit 1929) um 239 Prozent gestiegen.« Aber dann widersprach er sich, indem er fragte, wie »ein angemessenes Verhältnis zwischen den Lebenshaltungskosten und den Einkommen der Menschen erreicht und aufrechterhalten« werden könne. Aber wenn die Einkommen wirklich so viel schneller als die Lebenshaltungskosten gestiegen waren, dass sich die Amerikaner fast 40 Prozent mehr Güter leisten konnten als früher, worin bestand dann der von Truman beschworene »Inflationsnotstand«?

»Die Mieten steigen um etwa 1 Prozent pro Monat«, klagte der Präsident an anderer Stelle seiner Botschaft, und darin sah er eine »unerträgliche Belastung« der Familienbudgets. Aber der durchschnittliche Wochenlohn eines Fabrikarbeiters war seit 1939 um 112 Prozent gestiegen, während sich die Mieten lediglich um 9 Prozent erhöht hatten. Der durchschnittliche Arbeiter musste also einen sehr viel geringeren Teil seines Einkommens für die Miete aufwenden als vor dem Krieg.

»Lohnempfänger, Landwirte und Gewerbetreibende spüren die schmerzhaften Auswirkungen der Preisinflation«, sagte Truman. Damit meinte er offensichtlich nicht die Inflation ihrer eigenen Preise, sondern den Anstieg der Preise anderer. Als schmerzhaft empfanden diese Gruppen nicht die Preise, die sie für ihre eigenen Güter und Dienstleistungen verlangten, sondern die Preise, die sie für die Güter und Dienstleistungen anderer bezahlen mussten.

Wirklich schlimm an der Inflation ist, dass sie Vermögen und Einkommen ungerecht und auf eine Art verteilt, die oft nicht in Beziehung zum Beitrag der verschiedenen Gruppen und Personen zur Produktion steht. All jene, die netto von der Inflation profitieren, tun dies zwangsläufig auf Kosten anderer, die netto verlieren. Und oft sind es die größten Profiteure, die am lautesten klagen, sie seien die Hauptopfer der Inflation. Die Inflation ist eine verbogene Lupe, durch die wir alles verzerrt und unscharf sehen, sodass kaum noch jemand in der Lage ist, die tatsächlichen Zusammenhänge zu erkennen.

Kapitel 8
Was bedeutet »Währungssteuerung«?

Seit dem Ende des Zweiten Weltkriegs wird der Öffentlichkeit rund um den Erdball erzählt, der Goldstandard sei nicht mehr zeitgemäß und müsse durch eine von den Währungsexperten geplante »Währungssteuerung« ersetzt werden. Es ist aufschlussreich, sich die Auswirkungen dieser Eingriffe anzusehen.

Als der britische Finanzminister Sir Stafford Cripps am 18. September 1959 bekanntgab, dass das britische Pfund abgewertet werde, ließ es sich Winston Churchill nicht nehmen, darauf hinzuweisen, dass Cripps diese Möglichkeit vorher nicht weniger als neun Mal von sich gewiesen hatte. Tatsächlich veröffentlichte United Press am selben Tag einen Bericht, in dem diese neun Dementis aufgelistet waren. Ich selbst stieß bei einer unsystematischen Recherche auf drei weitere Gelegenheiten, bei denen Cripps eine Abwertung abgelehnt hatte, nämlich am 22. und 28. September 1948 und am 30. April 1949. Wenn wir sie der Liste von United Press hinzufügen, erhalten wir die folgende Sequenz von Dementis:

> *26. Januar 1948: »Die britische Regierung zieht nach der Abwertung des Franc keine Veränderung des Werts des Pfund in Betracht.«*
> *4. März 1948: Cripps bezeichnet einen Bericht über Pläne zur Abwertung des Pfund als »völligen Unfug«.*
> *6. Mai 1948: »Die Regierung beabsichtigt nicht, ein Programm zur Abwertung des Pfund in Erwägung zu ziehen.«*
> *22. September 1948: »Es wird keine Abwertung des Pfund Sterling geben.«*
> *28. September 1948: Die Regierung hat »nicht die geringste Absicht«, das Pfund abzuwerten. Eine Abwertung würde »unsere*

Importe verteuern und den Preis unserer Exporte verringern, was genau das Gegenteil dessen ist, was wir erreichen wollen«.
5. Oktober 1948: »Eine Abwertung ist unter den gegenwärtigen Bedingungen weder ratsam noch möglich.«
31. Dezember 1948: »Es gibt keinen Grund für die Befürchtung, wir könnten unsere Währung abwerten.«
30. April 1949: »Eine Neubewertung des Pfund ist nicht nötig und wird nicht stattfinden.«
28. Juni 1949: »Die amerikanische Regierung übt keinen Druck auf uns aus, damit wir das Pfund abwerten.«
6. Juli 1949: »Die Regierung hat nicht die Absicht, das Pfund abzuwerten.«
14. Juli 1949: »Auf der Konferenz [mit Snyder und Abbott] wurde keine Abwertung des Pfund vorgeschlagen. Und damit ist diese Frage hoffentlich geklärt.«
6. September 1949: »Ich bleibe bei der Erklärung, die ich [am 14. Juli] im Unterhaus abgegeben habe.«

Der Finanzminister bestritt also mindestens ein Dutzend Mal, er würde tun, was er schließlich tat. Im Nachhinein erklärte er sein Verhalten damit, dass er diese Absicht natürlich nicht habe eingestehen können, weil dann niemand mehr das Pfund zu seinem aktuellen Kurs akzeptiert hätte. Das läuft auf folgende »Rechtfertigung« hinaus: Hätte die Regierung nicht über ihre Absichten gelogen, so hätte sie die Käufer britischer Güter und die Inhaber von britischen Pfund nicht erfolgreich täuschen können.

Denn das ist die eigentliche Bedeutung der »Abwertung«: Sie ist eine Bankrotterklärung. Indem man seinen Gläubigern sagt, dass die Schuldverschreibungen, deren garantierter Wert bisher bei 4,03 Dollar lag, in Wahrheit nur 2,80 Dollar wert sind, sagt man ihnen, dass sie von jedem Dollar, den sie dem britischen Staat geliehen haben, nur 70 Cent zurückbekommen werden.

Meldet eine Privatperson Konkurs an, so fällt sie in Ungnade. Macht eine Regierung dasselbe, so darf sie es als einen brillanten Coup darstellen. Genau das tat die amerikanische Regierung im Jahr 1933, als sie leichten Herzens die Garantie widerruf, dass die amerikanische Währung in physisches Gold umgetauscht werden könne. Das *Bankers' Magazine* (London) beschrieb die Abwertung des Pfund durch die britische Regierung im Jahr 1949 so:

> *»Die politische Strategie für den Umgang mit diesen Fragen wird mittlerweile überstrapaziert. Sie besteht darin, jede Möglichkeit einer Abwertung im Voraus beharrlich und sogar mit Täuschungsabsicht zu leugnen. Tritt das Undenkbare dann doch ein, so erhält die Öffentlichkeit einen Klaps auf die Schulter und wird zu einer für sie vorteilhaften Entwicklung beglückwünscht.«*

Das ist, was die Regierungen mittlerweile seit einer Generation tun. Das ist die eigentliche Bedeutung des Begriffs »Währungssteuerung«. In der Praxis handelt es sich einfach um eine beschönigende Bezeichnung für eine fortgesetzte Währungsentwertung. Die Methode besteht darin, unablässig zu lügen, um einen andauernden Betrug zu ermöglichen. Anstatt sich auf eine Währung verlassen zu können, deren Wert automatisch an den des Goldes gekoppelt ist, werden die Menschen gezwungen, mit einer gesteuerten Währung zu leben, die auf der Täuschung beruht. Anstelle von Edelmetallen besitzen die Bürger Zahlungsversprechen auf Papier, und der Wert dieser Versprechen hängt von den Launen der Bürokratie ab. Und man redet den Leuten ein, nur die hoffnungslos Rückständigen träumten von einer Rückkehr zu Wahrheit und Ehrlichkeit und Solvenz und Gold.

Kapitel 9
Gold bedeutet Freiheit

Die Frage, ob es wünschenswert ist, zu einem echten Goldstandard zurückzukehren und unter welchen Bedingungen, wie schnell und mit welchen Maßnahmen diese Rückkehr zu bewerkstelligen wäre, ist mittlerweile ungeheuer kompliziert. Einen ausgezeichneten Beitrag zu dieser Debatte leistete W. Randolph Burgess, der Vorstandsvorsitzende der National City Bank of New York, im November 1949 bei einer Konferenz der American Bankers Association. Ich zitiere:

> *»Historisch war einer der besten Mechanismen zum Schutz des Geldwerts gegen die Aushöhlung durch politische Ausgaben der Goldstandard – die Einlösung des Geldes in Gold auf Verlangen. Die Bindung an das Gold setzte den Politikern Grenzen. Inflationäre Ausgaben führten zum Verlust des Goldes durch Exporte oder dadurch, dass Bürger, die der Politik der Regierung nicht mehr vertrauten, ihr Recht auf einen Tausch des Papiergeldes gegen Gold wahrnahmen. Dies setzte der Erhöhung der Kreditmenge eine automatische Grenze. […] Selbstverständlich haben die modernen Wirtschaftsplaner eine Abneigung gegen den Goldstandard, weil er ihre Macht einschränkt. […] Ich bin sehr zuversichtlich, dass die Welt zu irgendeiner Form von Goldstandard zurückkehren wird, weil die Menschen in so vielen Ländern gelernt haben, dass sie einen Schutz gegen die Exzesse ihrer politischen Führungen brauchen. […] Es gibt eine Gruppe von Personen, die eine unverzügliche Rückkehr der Vereinigten Staaten zum vollen Goldstandard fordern. Gegenwärtig haben wir einen Dollar, den ausländische Regierungen und Zentralbanken in Gold umtauschen können. Die Befürworter des vollen Goldstandards verlangen, dass unseren eigenen Bürgern wieder dasselbe Recht zugestanden wird. Im Prinzip glaube ich, dass diese Leute*

recht haben, obwohl ich der Meinung bin, dass sie den Zeitpunkt schlecht gewählt haben und den unmittelbaren Nutzen der Maßnahme überschätzen. [...] Wenn man versucht, die Entwicklung zu beschleunigen, indem man den Tausch gegen Gold wieder aufnimmt, bevor die Regierung mit entsprechenden Eingriffen in den Haushalt, in das Kredit- und Preissystem geeignete Voraussetzungen geschaffen hat, wird das freigegebene Gold möglicherweise einfach in großen Mengen abfließen und zum Spielball der Spekulanten werden. Die Goldzahlungen sind nur ein Teil einer soliden Währungskonstruktion, und in gewissem Sinn sind sie der Schlussstein des Bogens.«

Diese Stellungnahme ist bemerkenswert, weil Burgess nicht nur erklärt, warum eine Rückkehr zu einem echten Goldstandard wichtig wäre. Er hat auch begriffen, dass wir durch unsere vergangenen und gegenwärtigen Fehler und Sünden gewaltige Hindernisse errichtet haben, die uns den Weg zum Goldstandard verbauen.

Der Goldstandard ist nicht für sich genommen wichtig, sondern nur als fester Bestandteil des Wirtschaftssystems. So wie eine »gesteuerte« Papierwährung zu einer etatistischen und kollektivistischen Philosophie, zur staatlichen »Planung« und zu einer Volkswirtschaft gehört, in der die Bürger den Launen der Bürokraten ausgeliefert sind, ist der Goldstandard ein unverzichtbarer Bestandteil eines freien marktwirtschaftlichen Systems, in dem die Regierung das Privateigentum respektiert, ihre Ausgabenlust zügelt, vernünftig haushaltet, ihre Versprechen hält und sich weigert, sich an einer übermäßigen Aufblähung der Geld- oder Kreditmenge zu beteiligen. Solange unsere Regierung nicht bereit ist, zu diesem System zurückzukehren, und dann ihren Absichten Taten folgen lässt, hat es keinen Sinn zu versuchen, sie zur Rückkehr zur Goldpreisbindung zu bewegen, denn sie würde sich nach wenigen Monaten wieder aus der Verantwortung stehlen. Und wie in der Vergangenheit würde die Schuld nicht dem Missbrauch gegeben, der den Goldstandard zerstört hat, sondern dem Goldstandard selbst.

Im vorhergehenden Kapitel habe ich die mangelnde Glaubwürdigkeit von Sir Stafford Cripps beleuchtet – nicht um ihn persönlich anzugreifen, sondern um zu zeigen, was normalerweise und möglicherweise zwangsläufig in einem »gesteuerten« Papiergeldsystem geschieht. Cripps gehörte keineswegs zu den windigsten Politikern, denen je die Verwaltung des Geldes eines Volkes anvertraut wurde. Im Gegenteil, er gehörte zu den achtbarsten Vertretern dieser Spezies. Für Millionen Menschen war er der Inbegriff politischer Integrität und politischen Muts. »Wenn das Gold rostet«, fragt Chaucer, »was ist dann von Eisen zu erwarten?«

Das erinnert uns daran, dass echtes Gold nicht rostet. Als Währungsgrundlage mögen ihm ein oder zwei der Eigenschaften fehlen, von denen die Theoretiker träumen, aber es hat mehr Gewicht und ist dauerhafter als die Versprechen der Politiker.

Kapitel 10
Ein Schmähgesang auf das Papiergeld

In einer Rede vor der American Bankers Association offenbarte Allan Sproul, der damalige Präsident der Federal Reserve Bank von New York, die offizielle Doktrin.

Sproul erklärte: »Ich sehe kein moralisches Problem in der Frage des Umtauschs von Papiergeld in Gold.« Sehen wir uns an, ob wir nicht vielleicht doch eines finden. Bis zum Jahr 1933 verpflichtete sich die Regierung der Vereinigten Staaten, ihre Anleihen und Zinsen in Gold mit einem bestimmten Feinheitsgrad zu tilgen. Außerdem garantierte sie den Inhabern der vom amerikanischen Staat ausgegebenen Banknoten das Recht, dieses Papiergeld gegen eine bestimmte Menge Goldes mit einem bestimmten Feinheitsgrad einzutauschen.

Jetzt erzählen uns unsere Währungshüter, was für ein Glück wir haben, weil wir endlich ein Währungssystem haben, in dem wir unsere Banknoten nicht mehr in Gold einlösen können. Sproul stimmt einen Lobgesang auf das Papiergeld an. »Wir verwenden ein Papiergeld«, sagt er, »das die wunderbare Eigenschaft besitzt, überall anerkannt zu werden.« Im Jahr 1949 hatte ein Dollarschein nach Angabe des Handelsministeriums (gemessen an Großhandelspreisen) nur noch die Kaufkraft von 52 Cent eines Dollar von 1939. Güter, für die man im Jahr 1967 1 Dollar bezahlen muss, bekam man im Jahr 1939 noch für 43 Cent.

Sproul appelliert an unsere patriotischen Gefühle. »Die Integrität unserer Währung beruht nicht auf der Goldkonvertibilität. Sie beruht auf der gewaltigen Produktivität der amerikanischen Wirtschaft.« Jene, die sich an die verheerenden Geldentwertungen der Geschichte erinnern, müssen erschaudern, wenn sie dieses Argument hören. Sehen wir uns Andrew D. Whites Bericht über die Reden an, die im Jahr 1791 in der französischen Nationalversammlung gehalten wurden, um die Assignaten zu verteidigen, das Papiergeld der Revolution:

> *»›Habt keine Furcht, eure Währung ruht auf einem sicheren Pfand.‹ Dann folgte eine Lobrede auf den Patriotismus des französischen Volks, der die Nation durch alle Widrigkeiten tragen werde, wie der Redner behauptete.«*

Die Kernaussage von Sprouls Rechtfertigung des Verzichts auf die verpflichtende Noteneinlösung lautet, dass wir den Bürokraten implizit vertrauen müssen, während wir der Bevölkerung überhaupt nicht vertrauen dürfen. Allem Anschein nach wollen die Menschen ihr Recht zum Umtausch ihres Geldes in Gold immer zum falschen Zeitpunkt ausüben – das heißt genau dann, wenn es besonders unangenehm für die Regierung ist, ihrer Verpflichtung zum Umtausch nachzukommen. Mit anderen Worten: Die Leute wollen ihr Papier immer dann in Gold einlösen, wenn sich die Regierung auf eine inflationäre Aufblähung der Geldmenge eingelassen und mehr auf Papier verbriefte Ansprüche ausgegeben hat, als sie erfüllen kann.

»Das Hauptargument für eine Rückkehr zum Umlauf von Goldmünzen«, erklärt Sproul, »scheint das Misstrauen gegenüber den Währungshütern und der Haushaltspolitik der Regierung zu sein.« Genauso ist es. Sproul vergisst lediglich zu sagen, dass dieses Misstrauen vollkommen berechtigt ist. Halten wir uns vor Augen, dass die beschämende Vorgehensweise von Sir Stafford Cripps kein Einzelfall war: Rund 30 Regierungen folgten augenblicklich dem britischen Beispiel und löschten über Nacht per Erlass einen Teil des Werts des Papiergelds aus, das die Bürger ihrer Länder in Händen hielten.

Doch trotz dieser fast universellen Geschichte der Währungsentwertung (ganz zu schweigen von der bedauerlichen Entwicklung in den Vereinigten Staaten seit 1933) verlangt Sproul allen Ernstes, die Erhaltung des Geldwerts »kompetenten und verantwortungsbewussten Männern« anzuvertrauen. Der britische Finanzminister Stafford Cripps erklärte sein Verhalten als Geldentwerter so:

> *»Selbst wenn wir seinerzeit die Absicht gehabt hätten, den Wechselkurs in Zukunft zu ändern – das war nicht unsere Absicht –, hätte ein verantwortungsbewusster Minister nichts anderes tun können, als diese Absicht zu dementieren.«*

Hier haben wir eine maßgebliche Definition eines »kompetenten und verantwortungsbewussten« Währungshüters: Es ist jemand, der sein Volk nicht einfach in Bezug auf die Zukunft seiner Währung belügt, sondern es als seine *Pflicht* betrachtet, das Volk zu täuschen.

Wir können Sprouls Währungstheorie so zusammenfassen: Vertraut den Währungshütern, denn sie haben euch in der Vergangenheit stets hinters Licht geführt.

Kapitel 11
Inflation und hohe »Kosten«

In einem früheren Kapitel habe ich erklärt, dass die Inflation immer und überall in erster Linie durch eine Erhöhung der Geld- und Kreditmenge verursacht wird.

Nichts an dieser Aussage ist besonders originell. Vielmehr deckt sie sich im Wesentlichen mit der »orthodoxen« Lehrmeinung. Theorie, Erfahrung und Statistik bestätigen sie.

Dennoch stößt diese einfache Erklärung auf erbitterten Widerstand. Politiker bestreiten oder ignorieren, dass die Geldentwertung einfach Ergebnis einer zu stark wachsenden Geldmenge ist. Der Grund für ihre Ablehnung ist, dass die Verantwortung für die Inflation bei ihnen liegt, wenn diese Erklärung zutrifft. Auch die Ökonomen tragen wenig dazu bei, Licht in die Angelegenheit zu bringen: Die meisten von ihnen führen die gegenwärtige Inflation auf ein komplexes und vielfältiges Gemenge von Faktoren zurück. Gewerkschaftsführer erklären die Inflation eher unbestimmt mit der »Gier« oder den »exorbitanten Profiten« der Produzenten. Auch die meisten Unternehmer sind bemüht, jede Verantwortung von sich zu weisen. Der Einzelhändler gibt den Großhandelspreisen die Schuld an steigenden Preisen, der Großhändler reicht sie an den Produzenten weiter, und dieser verweist auf die Rohstoffanbieter und die Arbeitskosten.

Diese letzte Interpretation ist immer noch weit verbreitet. Die wenigsten Produzenten sind Experten für Finanzwirtschaft; Bankeinlagen und Geldumlauf sind Dinge, die den meisten von ihnen ausgesprochen abstrakt scheinen und in ihren Augen wenig mit ihrer unmittelbaren Erfahrung zu tun haben. Wie einer von ihnen in einem Brief an mich schrieb: »Die Preise steigen, weil die Kosten steigen.«

Offenbar war ihm nicht bewusst, dass »Kosten« einfach ein anderes Wort für »Preise« ist. Eine der Konsequenzen der Arbeitsteilung ist, dass der Preis des einen immer der Aufwand des anderen ist.

Der Preis von Roheisen verwandelt sich für den Stahlproduzenten in Kosten. Der Stahlpreis verwandelt sich für den Autobauer in Kosten. Der Preis des Autos verwandelt sich für den Taxiunternehmer in Kosten. Und so weiter. Fast alle Kosten verwandeln sich schließlich in Löhne und Gehälter. Aber das Monatsgehalt oder der Stundenlohn ist eben der »Preis«, den ein Arbeitnehmer für seine Arbeit in Rechnung stellt.

Die Inflation, also eine Erhöhung der Geldmenge, verringert den Wert jeder Geldeinheit. Das ist eine andere Art zu sagen, dass sie sowohl die Preise als auch die »Kosten« erhöht. Und die »Kosten« steigen nicht zwangsläufig früher als die Preise. Beispielsweise kann der Preis von Schinken früher steigen als der Preis von Schweinehälften und umgekehrt. Es ist ein Fehler, wie die alten ricardischen Ökonomen den Schluss zu ziehen, die Preise hingen von den Produktionskosten ab. Genauso gut könnte man sagen, die Produktionskosten hingen von den Preisen ab. Der Preis, den die Schweinezüchter für den Futtermais bieten können, hängt von dem Preis ab, den sie für ihre Schweine bekommen.

Kurzfristig hängen sowohl Preise als auch Kosten von den Beziehungen zwischen Angebot und Nachfrage ab – und das schließt selbstverständlich neben dem Güterangebot auch das Angebot an Geld ein. Es stimmt, dass es langfristig eine konstante Tendenz der Preise gibt, sich den Grenzkosten der Produktion anzugleichen. Der Grund dafür ist folgender: Zwar kann der Preis eines Guts nicht davon abhängen, was es gekostet *hat*, aber wie viel von diesem Gut produziert werden wird, hängt davon ab, was es *jetzt* kostet oder was es in Zukunft erwartungsgemäß kosten *wird*.

Würden diese Beziehungen besser verstanden, so würden weniger Autoren die Inflation der sogenannten »Lohn-Preis-Spirale« zuschreiben. Ein deutlicher Lohnanstieg (über das »Gleichgewichtsniveau« hinaus) führt an sich nicht zu Inflation, sondern zu steigender Arbeitslosigkeit. Natürlich kann der Lohnanstieg *indirekt* zu einer höheren Inflation führen (und tut es unter dem gegenwärtigen politischen Druck normalerweise auch), was zur Folge hat, dass die Geldmenge erhöht wird, um die höheren Löhne bezahlbar zu machen. Aber die Inflation wird durch den Anstieg der Geldmenge verursacht. Erst wenn wir das verstehen, können wir die Inflation stoppen.

Kapitel 12
Ist die Inflation ein Segen?

Der verstorbene Sumner H. Slichter lehrte Wirtschaftswissenschaften an der Harvard University. Er war ein fähiger und sehr einflussreicher Autor, der sich einer klaren, eindringlichen Sprache bediente. Er leistete zahlreiche wertvolle Beiträge zur Volkswirtschaftslehre, aber in der Geld- und Inflationstheorie, der er sich in seinen letzten Lebensjahren widmete, wirkte sich sein Einfluss meiner Meinung nach nicht vorteilhaft aus. Nehmen wir beispielsweise einen Artikel, den er im August 1952 im *Harper's Magazine* unter dem Titel »How Bad is Inflation?« veröffentlichte. Dieser Artikel enthielt sämtliche abgenutzten Irrtümer, die in den letzten beiden Jahrhunderten vorgebracht wurden, um die Inflation zu verharmlosen.

Zunächst wies Slichter die Erkenntnisse der American Assembly, einer Denkfabrik, die namhafte Ökonomen zusammenführt, als »unkritisch und beinahe hysterisch« zurück. Die American Assembly war nämlich zu dem Schluss gelangt, die Inflation sei »eine ständige und ernsthafte Bedrohung für die Stabilität der amerikanischen Volkswirtschaft und für die Sicherheit der gesamten westlichen Welt«. Das war kein hysterisches, sondern ein besonnenes Urteil.

Als erschreckend unkritisch erwies sich Slichter selbst. Er glaubte nicht nur, eine Regierung könne problemlos »einen langsamen Preisanstieg« planen und steuern, sondern war tatsächlich der Meinung, es sei »schwierig«, eine »extreme« Inflation auszulösen. Es wäre interessant zu wissen, was er unter einer »extremen« Inflation verstand und wie er die Schwierigkeit definierte. In Deutschland wurde die Geldmenge in den zwanziger Jahren derart aufgeblasen, dass die Reichsmark schließlich auf ein Billionstel ihres früheren Werts fiel. Die nationalchinesische Regierung blähte die Währung so lange auf, bis man für 1 Dollar 425 Millionen Yuan bezahlen musste. In Großbritannien waren die Preise zu der Zeit, als Slichters Artikel im *Harper's Magazine* erschien, dreimal so hoch wie vor dem Zweiten Weltkrieg. In Argentinien (das keinen Krieg als Entschuldigung vorbringen konnte) waren die Preise um das Fünf- bis Achtfache gestiegen, in Frankreich um das Fünfundzwanzigfache, in Italien um mehr als das Fünfzigfache. Keinem dieser Länder fiel es schwer, die Inflation in Gang zu bringen, aber für die meisten war es politisch fast unmöglich, ihr Einhalt zu gebieten.

Slichters Argumentation beruht auf Annahmen, die weder bewiesen noch überzeugend sind. Zum Beispiel behauptet er, steigende Preise seien eine nötige Voraussetzung für Wohlstand. Die historische Erfahrung widerlegt diese Behauptung. Beispielsweise *sanken* die Preise während des großen amerikanischen Wirtschaftsaufschwungs zwischen 1925 und 1929. Und Slichter scheint sich nicht daran zu erinnern, dass Wirtschaftskrisen in erster Linie durch den Zusammenbruch einer Inflation ausgelöst werden.

Offenbar versteht Slichter auch nicht, wie der vorübergehende Zauber der Inflation wirkt. Die Inflation funktioniert nur, solange die Preise schneller steigen als die Kosten (insbesondere die Löhne). Dann kann die erwartete Wiederherstellung oder Erhöhung der Gewinnmargen zu einem Anstieg der Produktion und zu Beschäftigungswachstum führen. Aber das Spiel ist aus, sobald die Arbeitskräfte ebenfalls einsteigen und die Löhne und andere Kosten schneller steigen als die Preise. Die Apostel der permanenten Inflation (der »stetigen schleichenden« Inflation) glauben, die Beschäftigten könnten dauerhaft getäuscht werden.

Slichter sagt nichts dazu, wie man es anstellen kann, dauerhaft einen »langsamen« Preisanstieg – beispielsweise von 2 oder 3 Prozent im Jahr – herbeizuführen. Er versteht nicht, warum es bisher noch keinem Land gelungen ist, eine einmal in Gang gesetzte Inflation wieder unter Kontrolle zu bringen. Er vergisst, dass es sich eine Regierung nicht leisten kann, dem Volk im Voraus zu sagen, dass sie *vorhat*, es zu betrügen. Eine Regierung kann keinen »graduellen« Preisauftrieb *planen*, und zwar einfach deshalb nicht, weil die Menschen, wenn sie *wissen*, dass die Preise im nächsten Jahr 3 Prozent höher sein werden, jetzt einkaufen gehen und die Preise sofort um 3 Prozent in die Höhe treiben werden. Wenn die Kreditgeber *wissen*, dass die Kaufkraft des Geldes, das sie heute verleihen sollen, innerhalb eines Jahres um 3 Prozent sinken wird, werden sie die 3 Prozent auf den Zins aufschlagen, den sie ansonsten von den Kreditnehmern verlangen würden – beispielsweise werden sie statt 5 Prozent 8 Prozent verlangen.

Das Erstaunlichste ist jedoch, dass sich Slichter für eine stetige Inflation aussprach, um den Kommunismus zu *bekämpfen*. Man hätte ihn auf Keynes verweisen können, der schrieb:

> *»Lenin soll gesagt haben, die beste Methode, um das kapitalistische System zu zerstören, bestehe darin, seine Währung zu entwerten. Lenin hatte zweifellos recht. Der Prozess nutzt alle verborgenen Kräfte der wirtschaftlichen Gesetzmäßigkeiten zur Zerstörung und tut dies auf eine Art und Weise, die nicht einer unter einer Million Menschen diagnostizieren kann.«*

Auch Slichter war leider nicht dieser eine Mensch.

Kapitel 13
Warum sollten wir zum Gold zurückkehren?

Zu Beginn des 20. Jahrhunderts unterstützten fast alle angesehenen Ökonomen den Goldstandard. Sie alle sahen die Vorzüge der Koppelung des Geldwerts an den Wert des Goldes. Zunächst war der Goldstandard international. Als die Währung fast aller großen Länder einer bestimmten Menge Goldes entsprach (beispielsweise war der Wert eines US-Dollar bis 1934 auf 23,22 Gran Feingold festgelegt), stand der Wert jeder Landeswährung in einem festen Verhältnis zum Wert aller anderen auf diese Art definierten Währungseinheiten. Sie konnte von jedem, der diese Währung besaß, in einem feststehenden Verhältnis in jede andere Goldwährung umgetauscht werden. Das Ergebnis war de facto ein internationales Währungssystem. Die internationale Währung war das Gold.

Dieser internationale Goldstandard war die wichtigste Versicherung gegen Versuche von Politikern und Bürokratie, die Währung ihres Landes zu manipulieren. Sie war der beste Schutz gegen Inflation. Jede Kreditinflation löste eine rasche Kettenreaktion aus: Die inländischen Preise stiegen, was Importe begünstigte und Exporte erschwerte. Die Handelsbilanz (oder Zahlungsbilanz) verschob sich zu Ungunsten des Landes mit Inflation. Das Gold begann ins Ausland abzufließen. Die Folge war eine Verknappung der auf dem Gold beruhenden Bankkredite. Die Inflation kam zum Stillstand.

Normalerweise war die Kette der Konsequenzen sogar noch kürzer und die Korrektur erfolgte schneller und direkter. Es genügte, dass die ausländischen Banken und die Devisenhändler vermuteten, in einem Land herrsche Inflation, und schon fiel der Wechselkurs der Währung dieses Landes »unter den Goldpunkt« – und das Geld floss ins Ausland ab. Das zwang die Zentralbank des Landes, das sein Gold einbüßte, den Diskontsatz anzuheben. Die Folge war, dass nicht nur die Kreditexpansion in diesem Land zum Stillstand kam, sondern dass Geld ausländischer Kreditgeber ins Land strömte, die von den höheren kurzfristigen Zinsen profitieren wollten. So wurde der Goldabfluss gestoppt oder umgekehrt.

Solange die Länder den Goldstandard aufrechterhielten, genossen sie eine Reihe von Vorteilen. Manipulationen der heimischen Währung und alles, was über eine moderate Inflation hinausging, waren unmöglich. Da die Konvertibilität des Papiergelds in Gold jederzeit garantiert sein musste, musste das Vertrauen in die Währung nicht nur über das Jahr, sondern an jedem einzelnen Tag aufrechterhalten werden. Eine unsolide Geld- und Wirtschaftspolitik, ja bereits der Vorschlag destabilisierender Maßnahmen wirkten sich augenblicklich auf die Wechselkurse und das Verhältnis zum Gold aus. Das zwang die Regierungen, eine unvernünftige Politik rasch zu korrigieren oder aufzugeben.

Da es einen feststehenden und verlässlichen Wechselkurs gab und die Währungen untereinander frei konvertierbar waren, konnte man sich ungehindert und vertrauensvoll auf internationale Handels- und Kreditgeschäfte sowie Investitionen einlassen. Und schließlich sorgte der internationale Goldstandard (sieht man von unterschiedlichen Transportkosten und Zöllen ab) für einheitliche Preise transportierbarer Güter und Rohstoffe – Weizen, Kaffee, Zucker, Baumwolle, Wolle, Blei, Kupfer, Silber usw.

Es ist in Mode gekommen zu behaupten, dass der Goldstandard in einer großen Krise – zum Beispiel im Krieg – »zusammenbricht«. Aber sieht man von einer Situation ab, in der die Einwohner eines Landes eine Invasion und die Beschlagnahme ihres Goldes durch den Feind fürchten, so ist das keineswegs der Fall. Es ist nicht so, dass der Goldstandard »zusammenbricht«, sondern er wird bewusst aufgegeben oder zerstört. Was die Bürger eines Landes in einer solchen Krise wirklich fürchten, ist eine von ihren eigenen Währungshütern ausgelöste Inflation oder eine Beschlagnahme ihres Goldes durch ihre eigenen Bürokraten. Diese Inflation oder Beschlagnahme im Krieg ist nicht »unvermeidlich«, sondern das Resultat der Politik.

Wir können also sagen, dass es gerade die Vorzüge des internationalen Goldstandards sind, die den Währungshütern und Bürokraten der Welt unangenehm aufstoßen. Sie wollen nicht daran gehindert werden, die Geldmenge aufzublasen, wann immer das in ihrem Interesse ist. Sie wollen nicht, dass die heimische Wirtschaft und die Preise an die Weltwirtschaft und die Weltpreise gekoppelt werden. Sie wollen die Möglichkeit haben, das Preisniveau auf dem Binnenmarkt zu manipulieren. Sie wollen eine nationalistische Politik betreiben (auf Kosten anderer Länder oder in der Hoffnung, andere Länder zu übervorteilen), und ihr Bekenntnis zum »Internationalismus« ist ein frommer Betrug.

Kapitel 14
Gold in gutem Glauben

Wie sehr wir den Goldstandard brauchen, sehen wir, seit wir ihn aufgegeben haben. Seit Großbritannien (im Jahr 1931) und die Vereinigten Staaten (1933) diesen Schritt getan haben, ist die Welt in Kriegs- wie in Friedenszeit mit Papiergeld überhäuft worden und in einer unendlichen Inflation versunken.

Die Inflation in aller Welt wurde mit dem Zweiten Weltkrieg erklärt, aber sie trat auch in Regionen auf, die sich nicht am Krieg beteiligten (zum Beispiel in Lateinamerika) – und sie verschwand nach Kriegsende nicht. Ein indirekter Indikator dafür ist, dass die Großhandelspreise in den Vereinigten Staaten zwischen 1945 und 1965 um 86 Prozent stiegen. In Großbritannien belief sich der Anstieg auf über 100 Prozent und in Frankreich (bis zur Einführung des »harten Franc« im Jahr 1960) sogar auf 810 Prozent. Und überall war das in erster Linie auf einen Anstieg der Menge an Papiergeld zurückzuführen.

Die Währungshüter brüsten sich damit, den Goldstandard durch eine »verantwortungsbewusste Währungssteuerung« ersetzt zu haben. Aber es gibt keine historischen Belege dafür, dass es so etwas wie eine verantwortungsbewusste Währungssteuerung je gegeben hätte. Hier und da war eine vorübergehende »Stabilisierung« zu beobachten, aber derartige Phasen waren stets instabil und von geringer Dauer. Insgesamt blicken wir auf eine Geschichte von Hyperinflation, Abwertung und monetärem Chaos zurück. Und wenn wir uns fragen, wie es mit der Integrität der Papierwährungssteuerung aussieht, müssen wir uns nur das Verhalten des britischen Finanzministers Stafford Cripps ansehen, der in den zwei Jahren, die der Abwertung des Pfund am 18. September 1949 vorausgingen, die Möglichkeit eines solchen Schritts ein Dutzend Mal öffentlich abstritt.

Genau das geschieht, wenn die Währung ohne die disziplinierende Wirkung des Goldstandards gesteuert werden kann. Dieser hilft nicht nur dafür zu sorgen, dass die Regierung in gutem Glauben eine verantwortungsbewusste Politik betreibt – das Festhalten am oder die Rückkehr zum Goldstandard erfordert eine verantwortungsbewusste Politik und guten Glauben. Ich möchte wiederholen, was ich in Kapitel 9 gesagt habe: Der Goldstandard ist nicht als isolierter Mechanismus wichtig, sondern als fester Bestandteil der Weltwirtschaft. So wie eine »gesteuerte« Papierwährung zu einer etatistischen und kollektivistischen Philosophie, zu staatlicher »Planung« und zu einem Wirtschaftssystem passt, in dem die Bürger den Launen der Bürokratie ausgeliefert sind, ist der Goldstandard ein fester Bestandteil einer freien Marktwirtschaft, in der die Regierung das Privateigentum respektiert, Ausgabendisziplin beweist, auf einen ausgeglichenen Staatshaushalt achtet, ihre Versprechen hält und sich vor allem weigert, zur Inflation beizutragen, indem sie die Geld- oder Kreditmenge aufbläst.

Würde sich die Regierung also entschließen, zum klassischen Goldstandard zurückzukehren, so müsste sie zunächst der Inflation Einhalt gebieten. Ohne diesen vorbereitenden oder begleitenden Schritt würde jeder Versuch der Rückkehr zur Goldwährung unausweichlich scheitern. Und einmal mehr würde wahrscheinlich nicht die Inflation, sondern der Goldstandard selbst für dieses Scheitern verantwortlich gemacht.

Aber wie kann man die Inflation stoppen? Der Ökonom Ludwig von Mises schlug vor, keine Erhöhung der Geldmenge und der Bankkredite zu erlauben, die nicht zu 100 Prozent durch Einlagen gedeckt sei. Tatsächlich ist dies das Resultat, das angestrebt werden sollte, aber ich denke, es wäre politisch eher akzeptabel, wenn dieses Ziel mit Mitteln erreicht würde, die unseren eigenen bewährten Methoden und Traditionen entsprechen. Daher schlage ich vor, die Inflation durch folgende vier Maßnahmen zu stoppen:

1. Der Haushalt muss ausgeglichen werden.
2. Die Banken dürfen nicht eingesetzt werden, um Staatsanleihen zu kaufen und mit festen Zinsen zu versehen, und sie dürfen nicht als Deponie für die Emission gewaltiger Mengen kurzfristi-

ger staatlicher Schuldverschreibungen missbraucht werden. (In Friedenszeiten sollte es nicht erlaubt sein, das Nettogesamtvolumen der Staatsanleihen in den Händen der Banken des Landes weiter zu erhöhen.)

3. Das Federal-Reserve-System muss Diskontsätze festlegen, welche die Kreditaufnahme durch die Banken bestrafen, anstatt sie rentabel zu machen. Das bedeutet, dass der Rediskontsatz über dem Zinssatz liegen sollte, der erstklassigen Kreditkunden der Großbanken gewährt wird.
4. Die Erfordernisse für die Mindestreserve der Zentralbank müssen (für einen angemessenen Zeitraum) wieder auf 40 Prozent angehoben werden. Das Parlament kann seinen Widerstand gegen eine weitere Inflation nicht wirksamer zum Ausdruck bringen.

Kapitel 15
Der richtige Goldpreis

Wenn wir davon ausgehen, dass es wünschenswert und sogar zwingend notwendig ist, zu einem vollen Goldstandard zurückzukehren, müssen wir uns fragen, wie das zu bewerkstelligen wäre. Und wie sollte der Wechselkurs zwischen Dollar und Gold aussehen – welchen Preis sollte Gold haben? Diese schwer zu beantwortenden Fragen spalten sogar die kleine Gruppe der Ökonomen, die eine Rückkehr zum Goldstandard fordern.

Eine Fraktion ist der Meinung, wir könnten und sollten sofort zum Goldstandard zurückkehren und den Wechselkurs bei 35 Dollar ansetzen. Diese Gruppe stützt sich auf das Argument, dass wir bereits einen begrenzten Goldstandard mit diesem Wechselkurs haben (ausländischen Zentralbanken ist es erlaubt, zum Preis von 35 Dollar pro Feinunze Gold bei den Vereinigten Staaten zu kaufen oder es an diese zu verkaufen). Außerdem sollten wir in einer Übergangsphase von einigen Monaten an diesem begrenzten Goldstandard festhalten. Mit Blick auf die Wahrung des Vertrauens und der Stabilität sollte dieser Kurs unangetastet bleiben, und bei diesem Kurs hätten die Vereinigten Staaten eine ausreichend große Goldreserve, um die volle Konvertibilität des in Umlauf befindlichen Papiergelds und der Bankeinlagen zu gewährleisten.

Aber diese Argumente beruhen auf anfechtbaren Annahmen. Ein oberflächlicher Vergleich scheint sie zu bestätigen: Anfang des Jahres 1933 belief sich die Geldmenge (Sicht- und Termineinlagen sowie Geldumlauf in den Vereinigten Staaten) auf 44,9 Milliarden Dollar, und die Goldvorräte des Landes (gemessen am alten Kurs von 20,67 Dollar pro Feinunze) hatten einen Wert von 4,2 Milliarden Dollar, womit sie lediglich 9,4 Prozent der Geldmenge entsprachen. Im Jahr 1963 belief sich die Geldmenge auf 265 Milliarden Dollar, und die Vereinigten Staaten besaßen Gold im Wert von

15,6 Milliarden Dollar (gemessen am gegenwärtigen Kurs von 35 Dollar pro Feinunze) – weniger als 6 Prozent der Geldmenge.

Die Golddeckung liegt also unter dem Wert von 1933. Und im Jahr 1933 mussten wir den Goldstandard aufgeben.

Wir müssen uns darüber klar sein, dass der Sturm auf das Gold zumindest in dem spezifischen Augenblick, in dem er losbrach, teilweise durch nicht dementierte Gerüchte und Presseberichte ausgelöst wurde, die Regierung Roosevelt plane, die Verpflichtung der Zentralbank zum Umtausch von Papiergeld gegen Gold abzuschaffen. Dennoch bestand zu jener Zeit noch ein gewisser Zusammenhang zwischen Kreditvolumen und Güterpreisen auf der einen und Gold auf der anderen Seite, weshalb die Vereinigten Staaten nur die Wahl hatten, sich vom Goldstandard zu lösen oder den Dollar abzuwerten und die Bindung an das Gold aufrechtzuerhalten (das heißt den offiziellen Goldpreis anzuheben). Die dritte Option wäre gewesen, sich mit einer andauernden Stagnation und Deflation abzufinden. In jedem Fall führte der Sturm auf das Gold vor der Abschaffung der verpflichtenden Noteneinlösung im Jahr 1933 dazu, dass die Goldreserven zu jenem Zeitpunkt *in Beziehung zu den übrigen Bedingungen* nicht ausreichend waren, um das Vertrauen in die Währung aufrechtzuerhalten.

Bei den Vergleichen zwischen der gegenwärtigen Goldreserve und der Situation in früheren Zeiten müssen wir überdies berücksichtigen, wie sich der relative Anteil der Vereinigten Staaten an den weltweiten Goldvorräten verändert hat. Im Dezember 1926 hielten die Vereinigten Staaten 45 Prozent der globalen monetären Goldmenge (die Sowjetunion ist in dieser Berechnung nicht berücksichtigt). Bis Dezember 1933 sank der amerikanische Anteil auf nur noch 33,6 Prozent. Bis 1953 stieg er auf 60,8 Prozent, um dann jedoch wieder auf 48,3 Prozent im Jahr 1959 zu sinken. Würden *einzig und allein* die Vereinigten Staaten zum Goldstandard zurückkehren, so könnten sie vermutlich für eine gewisse Zeit einen anormal hohen Anteil des Goldes halten. Aber würden sich weitere Länder anschließen (was sowohl wünschenswert als auch wahrscheinlich wäre), so würde Gold in diese Länder zurückfließen, bis sie wieder ihren früheren Anteil erreichten. Von noch größerer unmittelbarer Bedeutung ist, dass die von den amerikanischen Banken gemeldeten kurzfristigen Verbindlichkeiten gegenüber Ausländern Mitte 1964 auf 26,3 Milliarden Dollar stiegen. Diesen Verbindlichkeiten standen Goldvorräte im Wert von 15,5 Milliarden Dollar gegenüber. Und die Vereinigten Staaten hatten immer noch ein hohes Zahlungsbilanzdefizit.

Aber der eigentliche Fehler jener, die glauben, wir könnten problemlos mit einem Wechselkurs von nur 35 Dollar zu einem vollen Goldstandard zurückkehren, besteht in der Annahme, es gebe ein feststehendes »normales« Verhältnis zwischen Goldreserven und ausstehenden Verbindlichkeiten, das unter allen Bedingungen vollkommen sicher sei. Das gilt jedoch nur für eine Golddeckung von 100 Prozent. In Zeiten, in denen die Allgemeinheit darauf vertraut, dass die Währungshüter entschlossen sind, am Goldstandard festzuhalten, und dass sie eine umsichtige und kluge Politik betreiben, kann die verpflichtende Noteneinlösung mit einer verblüffend geringen Goldreserve aufrechterhalten werden. Aber wenn das Vertrauen in die Klugheit, die Umsicht und die guten Absichten der Währungshüter schwindet, kann die Konvertibilität nur mit einer Goldreserve aufrechterhalten werden, die deutlich größer ist als die »normale« Reserve. Und mittlerweile ist das Vertrauen in die Klugheit, die Umsicht und die guten Absichten der Währungshüter vollkommen zerstört. Es dürften Jahre des klugen, umsichtigen und wohlmeinenden Handelns nötig sein, um es wiederherzustellen. Bis dahin dürfte jeder Versuch, bei einem Kurs von 35 Dollar pro Feinunze zum Goldstandard zurückzukehren, zu einem Sturm auf das Edelmetall führen, während der Versuch, diesen Kurs zu verteidigen, eine rasante Deflation auslösen könnte.

Kapitel 16
Der Wechselkurs des Goldes

Die Befürworter des Goldstandards können drei Gruppen zugeordnet werden. Dies sind (1) jene, die glauben, wir könnten problemlos zu einem vollen Goldstandard mit einem Kurs von 35 Dollar pro Feinunze zurückkehren, (2) jene, die eine Rückkehr zum Goldstandard fordern, jedoch einen höheren Kurs für nötig halten, wobei sie behaupten, den »richtigen« Kurs bereits zu kennen, sowie (3) jene, die vorschlagen, wir sollten zunächst zulassen, dass das Gold frei gehandelt wird, sodass der Markt einen angemessenen Preis finden kann, der dem Kurs für die Umrechnung von Dollar in Gold zugrunde gelegt werden kann.

Ich habe mich bereits mit den wichtigsten Argumenten jener befasst, die eine Rückkehr zur Goldpreisbindung zu einem Kurs von 35 Dollar pro Feinunze fordern, und die Mängel erläutert, mit denen diese Argumente in meinen Augen behaftet sind. Jene, die vorschlagen, einen höheren Gold-Dollar-Wechselkurs festzulegen, und behaupten, den geeigneten Kurs bereits zu kennen, stützen sich normalerweise auf einen Vergleich der Preisniveaus. Beispielsweise sind die Großhandelspreise seit 1932, dem letzten Jahr, in dem der Dollar tatsächlich an den Goldpreis gebunden war (zu einem Kurs von 20,67 Dollar pro Feinunze), um 203 Prozent gestiegen. Wenn wir davon ausgehen, dass nur ein entsprechender Anstieg des Goldpreises bei einer Rückkehr zum Goldstandard einen Preissturz verhindern könnte, müssten wir den Kurs also bei etwa 63 Dollar festsetzen. Am 31. Januar 1934 wurde der Goldpreis mit 35 Dollar pro Feinunze festgesetzt. In den folgenden sieben Jahren erreichten die Großhandelspreise im Durchschnitt nur 40 Prozent ihres gegenwärtigen Niveaus. Wenn wir annehmen, dass der »richtige« Preis des Goldes in diesen sieben Jahren (1934–40) bei 35 Dollar lag, läge der Goldpreis, der notwendig wäre, um das gegenwärtige Niveau der Großhandelspreise aufrechtzuerhalten, bei 87 Dollar.

Offenkundig sind die Annahmen, die einer solchen Berechnung zugrunde liegen, zweifelhaft. Aber es ist keine nebensächliche Frage, zu welchem Kurs wir den Dollar wieder an das Gold binden sollten. Charles Rist, einer der führenden Geldtheoretiker, erklärte im Jahr 1934 in einem maßgeblichen Artikel in *Foreign Affairs*, eine der wichtigsten Ursachen der Weltwirtschaftskrise der Jahre 1929–33 sei gewesen, dass führende Länder einschließlich der Vereinigten Staaten versucht hätten, zum Vorkriegskurs an der Konvertibilität ihrer Währung in Gold festzuhalten oder dazu zurückzukehren, obwohl sie in der Zwischenzeit ihren Geldumlauf erheblich erhöht hatten.

Ein gutes Anschauungsbeispiel dafür ist Großbritannien. Das Land hatte den Goldstandard im Ersten Weltkrieg aufgegeben. Das Pfund war von einer Goldparität von 4,86 Dollar auf einen Tiefstand von 3,18 Dollar im Jahr gefallen, um bis 1924 wieder auf einen Wert zu steigen, der noch rund 10 Prozent unter der Goldparität lag. Aber die Großhandelspreise lagen in jenem Jahr 70 Prozent über dem Vorkriegsniveau. Im Jahr 1925 entschloss sich die britische Regierung trotzdem, zum alten Kurs zum Goldstandard zurückzukehren. Das Ergebnis war ein stetiger Rückgang der Großhandelspreise in den folgenden sieben Jahren, und zwar von einem Indexwert von 171,1 (1913 = 100) im Januar 1925 auf einen Wert von 99,2 im September 1931, das heißt in dem Monat, in dem Großbritannien den Goldstandard aufgab. Die Briten waren in diesem Zeitraum nicht bereit, die Einzelhandelspreise und Löhne entsprechend zu senken; die Folge waren rückläufige Exporte, Stagnation und Arbeitslosigkeit. Und als Schuldiger wurde nicht der falsche Umtauschkurs (oder die fehlende Anpassung der Löhne), sondern der Goldstandard selbst ausgemacht.

Im Sommer 1947 wiederholten die Briten dasselbe Spiel, indem sie versuchten, für das Pfund einen vollkommen unrealistischen Kurs von 4,03 Dollar festzusetzen. Das Experiment scheiterte zwangsläufig innerhalb weniger Wochen, aber die Briten schoben die Schuld einmal mehr nicht auf den falschen Umtauschkurs, sondern auf die Konvertibilität an sich.

Es ist nicht nur für unsere eigene wirtschaftliche Zukunft, sondern für die Zukunft der Welt wichtig, dass wir die Fehler der Briten nicht wiederholen, indem wir versuchen, mit einem überbewerteten Papierdollar (der gleichbedeutend mit einer Unterbewertung des Goldes wäre) zur Konvertibilität in Gold zurückzukehren. Indem wir zulassen, dass der Markt den angemessenen Goldpreis findet, werden wir zuverlässigere Hinweise auf den neuen Umrechnungskurs erhalten, als wenn wir blind auf einem Preis von 35 Dollar pro Feinunze beharren oder gestützt auf hypothetische Annahmen fragwürdige Berechnungen anstellen.

Kapitel 17
Die Lehren aus der Geschichte des Greenback

Eine der schlimmsten Auswirkungen der Inflation ist, dass die meisten der von ihr verursachten Schäden und Ungerechtigkeiten nicht wiedergutgemacht werden können. Sie können nicht durch eine entsprechende Deflation behoben werden. Die Deflation richtet lediglich zusätzliche Schäden an und verursacht weiteres Unrecht, und die Opfer der Inflation werden mit ebenso großer Wahrscheinlichkeit davon betroffen sein wie jene, die von der Geldentwertung profitiert haben. Beispielsweise können wir die inflationäre Erosion der Kaufkraft von Spareinlagen, Staatsanleihen und Versicherungspolicen nicht durch eine Deflation rückgängig machen, die eben jene Menschen, die unter der Inflation gelitten haben, obendrein in die Arbeitslosigkeit oder den Bankrott treibt. Das Beste, was wir tun können, wenn die Inflation ein bestimmtes Ausmaß übersteigt, ist daher zu versuchen, sie auf diesem Niveau zu stabilisieren. Wenn die Inflation ein Ausmaß wie in Deutschland im Jahr 1923 oder in Frankreich in den sechziger Jahren annimmt, ist eine Rückkehr zum vorinflationären Geldwert undenkbar.

Die Frage, was genau zu tun ist, wenn die Inflation ein bestimmtes Maß überschreitet, ist ein vertracktes praktisches Problem, für das es keine vollkommen »gerechte« oder befriedigende Lösung geben kann.

Im vorangegangenen Kapitel haben wir gesehen, was in Großbritannien geschah, als das Land versuchte, mit dem alten Umtauschkurs von 1925 zum Goldstandard zurückzukehren. Trotzdem glauben viele Leute, die Wiederaufnahme der Noteneinlösung in Gold in den Vereinigten Staaten am 1. Januar 1879 sei ein voller Erfolg gewesen. Damals kehrte das Land nach der Papiergeldinflation im Bürgerkrieg (1861–65) mit der Vorkriegsparität zum Goldstandard zurück. Diejenigen, die dies als Erfolg feiern, erklären, die Furcht vor einem Zusammenschmelzen der Goldreserven habe sich als unbegründet erwiesen. Und sie sind der Ansicht, die anschließende Erholung der amerikanischen Wirtschaft im Jahr 1879 sei im Wesentlichen der Rückkehr zum Goldstandard zu verdanken gewesen.

Eine genauere Analyse der Inflations- und Deflationsphase zwischen 1862 und 1879 liefert jedoch ein anderes Bild. Sobald die Regierung im Jahr 1862 mit der Ausgabe von »Greenbacks« begann, die nicht in Gold eingetauscht werden konnten, stieg das Edelmetall auf dem Markt deutlich, und die Güterpreise folgten dem Gold. Im Jahr 1864 fiel der Greenback auf 35 Prozent des Wertes des an das Gold gebundenen Dollar. Während die Preise in Europa zwischen 1860 und 1865 nur um durchschnittlich 4 bis 6 Prozent stiegen, erhöhten sich die Durchschnittspreise in den Vereinigten Staaten um nicht weniger als 116 Prozent.

Aber unmittelbar nach Kriegsende begannen die amerikanischen Preise zu fallen. Anfangs war die Deflation populär, da die Lohnerhöhungen hinter dem Anstieg der Lebenshaltungskosten zurückgeblieben waren. Aber im Jahr 1866 überholten die Arbeitslöhne die Güterpreise. Nun löste der fortgesetzte Preisverfall Firmenzusammenbrüche und einen Anstieg der Arbeitslosigkeit aus. Am Ende dieser Entwicklung stand die Panik von 1873, welche »die finanzielle und Handelsstruktur des Landes fast vollkommen zerstörte«, wie einige Ökonomen urteilten. Die Ursachen der Panik waren komplex. Aber ein Grund war zweifellos der fortgesetzte Absturz der Güterpreise, der den Anstieg des Greenback zur Parität mit dem Golddollar begleitete. Im Jahr 1873 notierte der Greenback nur noch 15 Prozent unter der Parität, und die Großhandelspreise lagen nur noch 30 Prozent über dem Vorkriegsniveau.

Die Panik von 1873 gab den Fürsprechern der Inflation beträchtlichen Auftrieb. Zwar wurde am 7. Januar 1875 der Resumption Act über die Rückkehr zum Goldstandard verabschiedet, aber dieses Gesetz wurde kurz vor dem Ende der Legislaturperiode von einem Kongress beschlossen, der nichts mehr zu verlieren hatte. Obendrein wurde es, wie uns der Ökonom J. Laurence Laughlin erklärt, »in dem Irrglauben verabschiedet, es sei eine Maßnahme zur Ankurbelung der Inflation, denn oberflächlich wirkte es wie ein Gesetz, mit dem der nationale Geldumlauf erhöht werden sollte«.

Heute sind viele Experten der Ansicht, dass es dumm und unnötig war, den tatsächlichen Termin für die Rückkehr zur verpflichtenden Noteneinlösung in Gold auf den 1. Januar 1879 zu verschieben, das heißt vier Jahre nach der Verabschiedung des Resumption Act. Dabei vergessen sie, dass man Zeit, Sachkenntnis und Beharrlichkeit brauchte, um eine Goldreserve anzuhäufen, die ausreichendes Vertrauen schaffen würde, sodass die Bürger nicht anfangen würden, am Tag der Wiedereinführung der Umtauschpflicht zu den Bankschaltern zu strömen und ihr Papiergeld gegen Gold einzulösen. Und sie vergessen, dass für eine Rückkehr zum Goldstandard mit der ursprünglichen Parität eine weitere Verringerung der amerikanischen Güterpreise von rund 30 Prozent erforderlich war, um sie dem globalen Goldpreis anzupassen. Tatsächlich fand dieser Preisrückgang zwischen 1875 und 1979 statt, und diese Jahre waren eine Zeit von »Sparsamkeit und Liquidierung«. So überstieg die Zahl der Insolvenzen im Jahr 1878 sogar jene im Jahr der großen Panik (1873).

Viele heutige Kommentatoren schreiben die wirtschaftliche Erholung in der zweiten Jahreshälfte 1879 der Rückkehr zur verpflichtenden Noteneinlösung in Gold zu. Aber die Tatsachen bestätigen diese Einschätzung nicht. »In den grundlegenden Industrien des Landes«, schreibt der Wirtschaftshistoriker Alexander D. Noyes, »kam die Aktivität in den ersten Monaten des Jahres 1879 fast ausnahmslos vollkommen zum Erliegen.« Dass sich das Blatt plötzlich wendete, war einem beispiellosen Zufall zu verdanken: In Europa kam es zur schlimmsten Missernte seit Jahrzehnten, während die amerikanischen Landwirte eine Rekordernte einfuhren. Daraufhin stiegen die Lebensmittelausfuhren auf ein bis dahin ungekanntes Maß, und obendrein erzielten die amerikanischen Erzeuger hohe Preise für ihre Produkte.

Damit will ich nicht sagen, dass die Vereinigten Staaten nach der Greenback-Inflation im Bürgerkrieg mit einer niedrigeren Parität zum Goldstandard hätten zurückkehren sollen. Ich weise lediglich darauf hin, dass das Land einen hohen Preis für seine Entscheidung bezahlte, zum alten Standard zurückzukehren – und das, obwohl die amerikanische Wirtschaft insbesondere in Bezug auf die Löhne zu jener Zeit sehr viel flexibler war als heute. Wir müssen darauf achten, bei einer erneuten Rückkehr zum Goldstandard einen Wechselkurs zu wählen, der weder eine Inflation noch eine schwere Deflation auslöst.

Kapitel 18
Die Nagelprobe auf dem Schwarzmarkt

Man könnte argumentieren, dass der Fehlschlag des britischen Versuchs, im Jahr 1925 zur alten Goldparität zurückzukehren, oder die Entbehrungen, die mit der Wiederaufnahme der verpflichteten Noteneinlösung in Gold nach dem Amerikanischen Bürgerkrieg einhergingen, für die gegenwärtigen Probleme der Vereinigten Staaten irrelevant sind, weil (1) der Dollar de facto bereits zu einem Kurs von 35 Dollar pro Feinunze an den Goldpreis gebunden ist (zumindest in der Beziehung zu ausländischen Zentralbanken) und (2) der Unzenpreis des Goldes selbst auf dem Schwarzmarkt manchmal nicht höher als 35 Dollar ist.

Diese Argumente sind durchaus gültig, aber sie sind keineswegs eine ausreichende Erklärung.

Was das erste Argument anbelangt, sollte darauf hingewiesen werden, dass der beschränkte Goldstandard (der lediglich ausländischen Zentralbanken das Recht einräumt, US-Dollar in physisches Gold umzutauschen) nur in einer ausgesprochen unnormalen globalen Situation aufrechterhalten wurde, die kaum andauern dürfte. Tatsächlich hätte es letzten Endes katastrophale Auswirkungen, daran festzuhalten. Denn auch diese symbolische Goldpreisbindung konnte nur aufrechterhalten werden, weil die Vereinigten Staaten sechsundzwanzig Jahre lang der *am wenigsten unsichere* Aufbewahrungsort für Gold waren und weil die meisten anderen führenden Länder die Inflation noch weitertrieben als die USA. Eine geringfügige Verschiebung der Verhältnisse könnte leicht zu einem Abfluss des amerikanischen Goldes führen. Tatsächlich sind die amerikanischen Reserven beträchtlich geschrumpft, seit sie im Jahr 1949 den Höchstwert von 24,5 Milliarden Dollar erreichten.

Mit anderen Worten: Je zuverlässiger die Geldpolitik anderer Regierungen wird, desto schwieriger wird es für die Vereinigten Staaten werden, auch nur den sehr beschränkten Goldstandard von 35 Dollar pro Feinunze aufrechtzuerhalten. Und dieser Standard von 35 Dollar könnte unhaltbar werden, sollten amerikanische und ausländische Privatpersonen, Unternehmen und Banken das gleiche Recht erhalten wie die ausländischen Zentralbanken, ihre Papierdollar in Gold einzulösen. Tatsächlich wird genau diese Befürchtung benutzt, um das gegenwärtige Verbot für Privatpersonen zu begründen, ihre Banknoten in Gold einzulösen.

Was das zweite Argument betrifft, so glaube ich nicht, dass der Schwarzmarktpreis für Barrengold unter den gegenwärtigen Umständen (für Gold*münzen* wird immer noch ein Aufpreis bezahlt) irgendwelche zuverlässigen Hinweise liefert. Es gibt unzählige mögliche Verbindungen zwischen dem Goldkurs von 35 Dollar pro Feinunze und dem Schwarzmarkt, und diese Verbindungen sorgen dafür, dass der offizielle Kurs den Schwarzmarktkurs beherrscht. (Beispielsweise schanzte die amerikanische Federal Reserve der Bank of England Gold zu, um ihr dabei zu helfen, den Preis auf dem »freien« Londoner Markt niedrig zu halten.)

Der Internationale Währungsfonds hat mehr als hundert Mitgliedsländer. Wie können die amerikanische Zentralbank oder der Währungsfonds all diese Länder beaufsichtigen und kontrollieren, ganz zu schweigen von ihren individuellen Mitarbeitern? Viele Mitgliedsstaaten des Währungsfonds sind sehr arm; es würde ihre Position (oder die Position ihrer Zentralbank) festigen, wenn sie Gold zu einem Kurs von 35 Dollar die Feinunze bei der amerikanischen Federal Reserve Bank kaufen und mit einem Aufpreis an Privatpersonen in ihrem Land verkaufen könnten. Geschähe so etwas – und sei es auch nur in wenigen Einzelfällen –, so würde das bedeuten, dass »Arbitragegeschäfte« gemacht würden, die dafür sorgen würden, dass auf dem Schwarzmarkt lediglich ein geringfügiger Aufpreis gegenüber dem offiziellen Markt erzielt werden könnte.

Das ist nicht als Anschuldigung gemeint. Es ist lediglich eine mögliche Erklärung dafür, dass der Aufpreis, der früher auf dem Schwarzmarkt für Goldbarren gezahlt wurde, verschwunden ist. Tatsächlich haben sowohl der südafrikanische Finanzminister Nicolaas C. Havenga als auch der angesehene französische Ökonom Charles Rist angedeutet, die Tatsache, dass die Nachfrage nach Gold immer noch fast überall rechtlichen Beschränkungen und Verboten unterworfen ist – bei einem immer größeren Angebot –, sei eine hinreichende Erklärung für das Verschwinden des Schwarzmarktaufpreises. In jedem Fall wäre es fragwürdig, das Fehlen eines Schwarzmarktaufpreises als Garantie dafür zu betrachten, dass der gegenwärtige offizielle Goldpreis von 35 Dollar der »angemessene« Preis ist.

Und zweifellos ist eine solche Übereinstimmung der Preise kein gültiges Argument dafür, am Verbot eines wirklich freien amerikanischen und globalen Goldmarkts festzuhalten. Dass es unter einem vollen Goldstandard keine freien Goldmärkte gibt, liegt nicht daran, dass sie verboten sind, sondern daran, dass dann, wenn jedermann in der Lage ist, Gold zum offiziellen Kurs zu kaufen oder zu verkaufen, kein freier Markt mehr benötigt wird. Mit einem umfassenden Goldstandard hätte ein freier Markt keinen Zweck und keine Funktion. Er wird nur mit einem Papiergeldstandard oder mit einem diskriminierenden und halb fiktiven »Goldstandard« wie jenem benötigt, den die Vereinigten Staaten seit 1934 haben. Gerade wenn ein freier Goldmarkt benötigt wird, versuchen die meisten modernen Regierungen, ihn zu unterdrücken. Denn ein solcher Markt misst, wie groß das Misstrauen in die heimische Währung ist, spiegelt dieses Misstrauen wieder und lenkt die Aufmerksamkeit darauf, dass der »offizielle« Kurs eine Fiktion ist. Und genau deshalb brauchen wir ihn.

Kapitel 19
Wie wir zum Gold zurückkehren können

Wenn wir davon ausgehen, dass es potenziell gefährlich wäre zu versuchen, augenblicklich zum Goldstandard mit einem Wechselkurs von 35 Dollar pro Feinunze zurückzukehren, wie können wir dann vorgehen? Und wie können wir den geeigneten Wechselkurs für die Rückkehr zum Goldstandard ermitteln, der den neuen »Goldpreis« bestimmen würde?

Ein vernünftiger Grundsatz ist, dass der Wechselkurs zwischen Dollar und Gold, wenn er einmal festgelegt ist, nicht angetastet werden sollte, sofern es nicht zwingende Gründe für eine Änderung gibt. Diese Regel galt zweifellos für den vor 1933 verwendeten Kurs von 20,67 Dollar pro Feinunze, denn dies war ein realer Kurs, zu dem jedermann Gold verlangen konnte und bekam. Aber der Kurs von 35 Dollar, den Roosevelt und Morgenthau im Jahr 1934 nach ihrem Gutdünken festsetzten, war nie ein Kurs, bei dem eine echte Konvertibilität existierte. Nur ausländische Zentralbanken, nicht jedoch die amerikanischen Bürger, konnten bei der Federal Reserve Gold zum Unzenpreis von 35 Dollar kaufen, und auch sie durften das nur unter bestimmten Bedingungen tun. Der gegenwärtige Goldstandard von 35 Dollar pro Feinunze ist ein vorgetäuschter Standard – er ist nur *vergoldet*. Es gibt keinen Grund, diesen Kurs als unantastbar zu betrachten.

Wir sollten einen neuen Dollar-Gold-Kurs anstreben, mit dem die Goldkonvertibilität dauerhaft aufrechterhalten werden kann und der nicht an sich inflationär oder deflationär sein wird. Mit anderen Worten: Wir müssen einen Kurs finden, der keinen Anstieg und Rückgang der Preise auslösen wird.

Es gibt Ökonomen, die auf der Grundlage eher fragwürdiger Annahmen behaupten, 35 Dollar pro Feinunze seien der ideale Kurs.

Andere erklären, eine mathematische Formel zu haben, anhand deren sie zum richtigen Kurs gelangen könnten, und fordern im Brustton der Überzeugung einen Kurs von 70 Dollar pro Feinunze oder irgendeine andere Zahl. Die Tatsache, dass sie zu sehr unterschiedlichen Ergebnissen gelangen, sollte uns stutzig machen. Angemessene Werte und Preise können nicht durch mathematische Berechnungen, sondern nur durch das Wechselspiel von Angebot und Nachfrage auf dem freien Markt ermittelt werden.

Aufgrund der gewaltigen Geldentwertung in den dreißig Jahren seit der Aufgabe des echten Goldstandards und in Anbetracht der Tatsache, dass Inflation, Abwertungen und Nichtanerkennung von Währungen das Vertrauen in das Papiergeld untergraben haben, müssen wir zunächst auf einem vorübergehend freien Goldmarkt das Ausmaß an Vertrauen testen. Die Entwicklung des Goldpreises auf diesem Markt wird uns auch Hinweise für einen angemessenen und dauerhaften Dollar-Gold-Kurs liefern.

Zum Zweck der Veranschaulichung hier ein Plan für die Rückkehr zum Goldstandard:

1. Die Regierung kündigt ihre Absicht an, zu einem vollen Goldstandard zurückzukehren, und erklärt die Schritte, die sie dazu ergreifen wird. Die Zentralbank und das Finanzministerium setzen vorübergehend den Kauf und Verkauf von Gold aus und beschränken sich darauf, das bereits vorhandene Gold zu halten. Gleichzeitig wird erlaubt, Gold auf einem freien Markt zu handeln.
2. Die Regierung beobachtet die Entwicklung dieses Markts und verhindert jede weitere Inflation. In einem Zeitraum von höchstens einem Jahr wird sie den Kurs bekanntgeben, zu dem Dollar in Gold umgetauscht werden können.
3. Am Tag der Einführung der Konvertibilität erhält jeder Inhaber von Dollar das Recht, diese sechs Monate lang in Goldbarren umzutauschen, wobei ein geringer Abschlag auf die eingelösten Banknoten vorgenommen wird. Anders ausgedrückt, die Inhaber von Papiergeld müssten einen Aufpreis von beispielsweise 0,5 Prozent pro Monat auf den Goldpreis bezahlen. Der Zweck dieser Maßnahme ist es, die Forderungen nach Umtausch über einen längeren Zeitraum zu verteilen, damit die Goldreserven

anfangs nicht übermäßig unter Druck geraten. Dasselbe könnte auch mit einer großen, aber schrittweise sinkenden Differenz zwischen dem An- und Verkaufspreis von Goldbarren erreicht werden. Selbstverständlich würde der freie Goldhandel in diesem Zeitraum aufrechterhalten werden, und wenn Gold auf dem freien Markt für einen Preis zu bekommen wäre, der unter dem offiziellen Kurs liegt, würde dies nicht zu Lasten der staatlichen Goldreserven gehen.

4. Sechs Monate nach Beginn der Konvertibilität kehrt das Land zu einem vollen Goldstandard zurück. Jeder Inhaber von Dollar kann diese ohne Preisabschläge oder Preisaufschläge in Goldbarren umtauschen und umgekehrt.
5. Ein Jahr später kehrt das Land zu einem vollen Goldmünzenstandard zurück, prägt Goldmünzen und erlaubt den freien Umtausch.

Ein Goldmünzenstandard ist wünschenswert, weil ein Goldbarrenstandard auf die Reichen beschränkt wäre. Ein relativ armer Mann sollte ebenso wie ein reicher imstande sein, seinen Geldbesitz gegen die Inflation zu schützen. Die Rückkehr zum Goldmünzenstandard sollte in mehreren Schritten erfolgen, um einen zu plötzlichen Aderlass der Goldreserven zu vermeiden, solange das Vertrauen in die Währung noch nicht wiederhergestellt ist. Nach dem Bürgerkrieg wurde dies erreicht, indem die tatsächliche Wiedereinführung des Goldstandards nach der Verabschiedung des Resumption Act um vier Jahre verschoben wurde. Ein Programm wie das zuvor beschriebene würde den Prozess beschleunigen.

Kapitel 20
Einige Irrtümer der Inflationsbefürworter

Im vergangenen Vierteljahrhundert der Inflation haben ihre Befürworter in jedem Jahr lautstark behauptet, wir steckten in Wahrheit in einer Depression oder einer Deflation oder stünden kurz davor; zumindest aber sei das »Wirtschaftswachstum« nicht so kräftig, wie es durch ihre inflationären Programme gemacht werden könnte.

Ein typisches Beispiel ist ein »Bericht« der National Planning Association (einer Gruppe etatistischer Planer, denen es regelmäßig gelingt, ihre Ansichten auf den Titelseiten führender Zeitungen zu verbreiten) aus dem Jahr 1954. In dem Bericht hieß es, das Land müsse seine Produktion von Gütern und Dienstleistungen in den kommenden zwölf Monaten »um mindestens 25 Milliarden Dollar« erhöhen, um die Gesundheit der amerikanischen Wirtschaft zu erhalten. Da die NPA ja nur über das sprach, was ihr wünschenswert schien, frage ich mich, warum sie sich mit 25 Milliarden zufriedengab.

Diese Forderung war jedoch so typisch für die gegenwärtigen inflationistischen Irrtümer, dass es sich lohnt, sie genauer unter die Lupe zu nehmen. Die NPA war fest überzeugt, der Hauptgrund für die »Rezession« der Jahre 1953/54 sei eine Verringerung der Verteidigungsausgaben gewesen. Die Lösung war nach Ansicht dieser Experten, diese Ausgaben wieder zu erhöhen. Doch diese Einschätzung wird weder durch die Wirtschaftstheorie noch durch die Erfahrung bestätigt. Im Haushaltsjahr 1944 gab die amerikanische Bundesregierung 95 Milliarden Dollar aus, im Haushaltsjahr 1947 39 Milliarden. Die Staatsausgaben fielen also innerhalb von drei Jahren um 56 Milliarden Dollar. Aber in diesem Zeitraum erlebte das Land keine Rezession, ganz im Gegenteil: Beschäftigung, Löhne und Preise stiegen deutlich.

Ich könnte hinzufügen, dass zwischen Mitte 1954 und Mitte 1955 sowohl die Industrieproduktion als auch die Beschäftigung rasant wuchsen – während die amerikanische Regierung ihre Gesamtausgaben in jenem Haushaltsjahr um mehr als 3 Milliarden Dollar verringerte, anstatt sie wie von der NPA empfohlen zu erhöhen.

Diese Tatsache entging den Wirtschaftsexperten seinerzeit nicht. Am 8. September 1955 lenkte Arthur Krock in einer Kolumne in der *New York Times* die Aufmerksamkeit auf die amtlichen Statistiken, die zeigten, dass die Ausgaben der amerikanischen Privathaushalte die Budgetkürzungen der Regierung Eisenhower im Lauf von zwei Jahren Stück für Stück ausgeglichen und sogar überstiegen hatten. Zum Vergleich können wir uns die folgende Tabelle ansehen:

	1953	1954	1955
Bruttosozialprodukt (Mrd. USD)	369,3	357,6	384,8
Ausgaben der Bundesregierung für Güter und Dienstleistungen (Mrd. USD)	61,0	48,6	45,2
Alle anderen Ausgaben (Mrd. USD)	308,3	309,0	339,6

Tatsächlich werden in dieser Tabelle die zweiten Quartale der Jahre 1953, 1954 und 1955 verglichen. Die Zahlen werden jedoch in saisonbereinigten Jahreswerten in Milliarden Dollar ausgewiesen. Sie zeigen, dass der Bundeshaushalt im Jahr 1955 um 3,4 Milliarden Dollar geringer als ein Jahr zuvor und um 15,8 Milliarden Dollar geringer ausfiel als im entsprechenden Quartal des Jahres 1953, dass die nichtstaatliche Aktivität im zweiten Quartal 1955 jedoch um 30,6 Milliarden Dollar höher als im selben Zeitraum des Jahres 1954 und um 31,3 Milliarden Dollar höher als im Jahr 1953 war.

Diese Zahlen können eigentlich niemanden überraschen, sieht man von den Leuten ab, die hartnäckig an einer falschen Vorstellung festhalten. Aber in den letzten Jahren hören wir immer wieder von »Wirtschaftsexperten«, die Zukunft der wirtschaftlichen Aktivität hänge in erster Linie von den Verteidigungsausgaben der Regierung ab. Wenn diese erhöht würden, sagt man uns, würden auch Produktion und Preise steigen; werde der Verteidigungshaushalt hingegen gekürzt, so sei ein wirtschaftlicher Absturz unvermeidlich.

Wenn wir diese Annahme akzeptieren, gelangen wir zu der absurden Schlussfolgerung, dass wir umso reicher werden, je mehr Mittel wir für Kampfflugzeuge, Flugzeugträger, U-Boote, Atombomben und Raketen aufwenden. Tatsächlich haben zahlreiche Amateurökonomen keine Scheu, diesen Schluss zu ziehen: Sie erklären uns im Brustton der Überzeugung, was für ein Glück wir hätten, ständig vom Kommunismus bedroht zu sein – denn was würde aus unserem Wohlstand, dem »Wirtschaftswachstum« und der Vollbeschäftigung werden, sollte diese Bedrohung plötzlich wie durch ein Wunder verschwinden? Mit jeder neuen Aggression, so diese Theorie, tun uns die Sowjetunion und ihre Verbündeten einen wirtschaftlichen Gefallen.

Der Denkfehler besteht hier darin, dass die Anhänger dieser Theorie nur die Verteidigungsausgaben betrachten, jedoch vergessen, dass das dafür aufgewandte Geld letzten Endes vom Steuerzahler berappt wird. Würden die Verteidigungsausgaben plötzlich von 46 Milliarden auf 16 Milliarden Dollar sinken, so könnten auch die Steuern um 30 Milliarden gekürzt werden. Folglich blieben den Steuerzahlern 30 Milliarden Dollar mehr, die sie ausgeben könnten, womit sie die Verringerung der staatlichen Ausgaben wettmachen würden. Es gibt keinen Grund zu der Annahme, dass die Produktion oder die wirtschaftliche Aktivität insgesamt abnehmen würden.

Die Theorie, die Verteidigungsausgaben seien eine unverzichtbare Voraussetzung für Wohlstand, wurde am Ende des Zweiten Weltkriegs vollkommen widerlegt. Unmittelbar nach der japanischen Kapitulation im August 1945 wurden die Rüstungsverträge gekündigt. Die Wirtschaftsexperten der Regierung sagten einen Anstieg der Arbeitslosenzahl bis zum folgenden Frühling voraus. Aber der Beschäftigungsrückgang blieb aus.

Insgesamt gibt es keinen Grund für die Annahme, Löhne und Beschäftigung könnten in erster Linie vom Umfang der Verteidigungsausgaben – oder der Staatsausgaben im Allgemeinen – abhängen. Wenn die Regierung 10 Milliarden Dollar weniger für die Verteidigung ausgibt *und die Steuern um denselben Betrag senkt*, bleibt den Steuerzahlern ein ebenso hoher Betrag übrig, sodass sie umso viel mehr ausgeben können, wie der Staat weniger verbraucht. Das Gesamtvolumen der Ausgaben bleibt unverändert. Es ist eine gleichermaßen ungeheuerliche wie einfältige Doktrin zu sagen, wir müssten die verschwenderischen Ausgaben für Waffen erhöhen, nicht um uns zu verteidigen, sondern um »Wohlstand zu schaffen«.

Was die inflationäre Wirkung anbelangt, so kommt es nicht auf die Höhe der Verteidigungsausgaben oder der gesamten Staatsausgaben, sondern auf das Ausmaß des *Haushaltsdefizits* und in noch direkterer Form die Menge neuen Geldes an, das in Umlauf gebracht wird. Selbst die NPA schien an einem Punkt bereit, sich mit einem durch zivile öffentliche Investitionen oder sogar durch Steuersenkungen angehäuften Defizit abzufinden. An einem Punkt räumte sie sogar ein, die Modernisierung privater Produktionsanlagen und Ausrüstungen könne möglicherweise dazu beitragen, Arbeitsplätze zu schaffen. Aber sie verschloss die Augen vor der Tatsache, dass nur die Aussicht auf anhaltende Gewinne und die Fähigkeit der Unternehmer, einen ausreichenden Teil dieser Gewinne vor dem Zugriff des Staates zu bewahren, weitere Kapitalinvestitionen ermöglichen wird, die unverzichtbar sind, um den Arbeitskräften immer bessere Werkzeuge an die Hand zu geben und ihre Reallöhne konstant zu steigern.

Typisch für die Erklärung der NPA war, dass ihre etatistischen Vorschläge zur Bekämpfung der Arbeitslosigkeit die Auswirkungen solcher Maßnahmen auf die Löhne vollkommen außer Acht ließen. Gleichgültig wie sehr wir die Geldmenge aufblasen, gleichgültig wie hoch das absolute Niveau des Sozialprodukts oder der »Kaufkraft« wird, werden wir immer Arbeitslosigkeit verursachen, indem wir die Löhne gemessen an Preisen und Produktivität zu sehr in die Höhe treiben.

Dies führt uns zu dem Fehler, den Keynes beging, indem er die gewaltige Aufblähung der Geldmenge als »Nationaleinkommen« und »Kaufkraft« betrachtete. Ob es gelingt, viele Menschen in Arbeit zu halten, hängt von den Gewinnerwartungen einer Industrie ab. Und diese Erwartungen hängen von der *Beziehung* zwischen Kosten und Preisen ab, das heißt vom Verhältnis der Preise zueinander und der Löhne zu den Preisen.

Kapitel 21
Die »selektive« Kreditkontrolle

Im Jahr 1956 wurde im jährlichen Wirtschaftsbericht des Präsidenten vorgeschlagen, zur staatlichen Regulierung der Bedingungen von Ratenkrediten für Privatpersonen zurückzukehren. Finanzminister George M. Humphrey bewies politischen Mut und einen klaren Verstand, indem er diesen Vorschlag ablehnte.

Der Minister nannte auch die richtigen Gründe dafür, dass eine solche Aufsichtsbefugnis nicht ratsam sei: Sie würde zu große Macht in die Hände derer legen, die mit der Beaufsichtigung der Kreditvergabe betraut würden. »Man lädt eine große Verantwortung auf seine Schultern, indem man 160 Millionen Menschen vorschreibt, was sie sich leisten dürfen«, erklärte Humphrey. Der Vorsitzende der Federal Reserve, William Martin, schlug in dieselbe Kerbe:

> *»Selektive Kontrollen dieser Art können die allgemeinen Instrumente zur Regulierung der Geld- und Kreditwirtschaft nie ersetzen, sondern bestenfalls ergänzen.«*

Der prominenteste Befürworter einer Einführung einer direkten Kontrolle von Ratenkrediten war Allan Sproul, der Präsident der Federal Reserve Bank von New York. In einer Rede am 29. Dezember 1955 erklärte er:

> *»Ich glaube, dass es in wirtschaftlichen Blütezeiten die Versuchung gibt, die Verbraucherkredite zu missbrauchen, sodass sie sich in eine Quelle erheblicher wirtschaftlicher Instabilität verwandeln können. Wir würden unsere Freiheit nicht untergraben, indem wir der Zentralbank die Befugnis erteilen, die Verbraucherkredite zu regulieren und direkte Kontrollen vorzunehmen.«*

Aber Sprouls Argument war ein indirekter Hinweis darauf, dass er diese Befugnis anstrebte, um eine ausreichend strikte Kontrolle der *allgemeinen* Zinsen und des *gesamten Kreditvolumens* zu vermeiden:

> *»Wenn sich eine Form von Kreditgewährung entwickelt hat, die ein gefährliches Element der Instabilität in unsere Wirtschaft einführt, und wenn es schwierig ist, diesen Bereich mit allgemeinen Maßnahmen zur Kontrolle der Kreditmenge zu erreichen, ohne jene zu beeinträchtigen, die bei der Aufnahme von Krediten umsichtiger sind, müssen wir uns fragen, ob nicht einiges für eine selektive Kreditkontrolle spricht.«*

De facto sagte Sproul, dass eine Handvoll staatlicher Währungshüter die Macht erhalten sollte, die Kreditnehmer zu selektieren und zu entscheiden, welche Kreditanträge »legitim« seien und welche nicht. Im Grunde sollten diese Kontrolleure das Recht erhalten zu entscheiden, wer Kredit erhalten sollte und zu welchen Bedingungen. Kein staatliches Organ sollte solche Macht haben, die zwangsläufig ein Instrument der politischen Bevorzugung würde.

Präsident Eisenhower erklärte in einer Pressekonferenz am 8. Februar 1956, der Staat werde seine Befugnisse nicht missbrauchen, sollte ihm das Recht eingeräumt werden, die Vergabe von Verbraucherkrediten zu beaufsichtigen. Aber die Fakten zeigen, dass die bestehende »selektive« Aufsicht über die Kreditvergabe in der Vergangenheit bereits missbraucht worden war. Die Zentralbank beklagte sich über »Inflationsdruck«, aber zur selben Zeit, als sie verlangte, ihr »selektive« Befugnisse zur Überwachung der Kreditvergabe zu übertragen, hielt sie den Diskontsatz bei nur 2,5 Prozent. (Innerhalb eines Jahres musste sie ihn dreimal anheben, sodass er auf 3,5 Prozent stieg. Im selben Jahr – 1957 – musste die Bank of England ihren Diskontsatz auf 7 Prozent erhöhen, um die Inflation in Großbritannien einzudämmen.) Zwischen Anfang 1954 und Anfang 1956 hatte auch die Federal Reserve eine Erhöhung der gesamten Geld- und Kreditmenge um 12 Milliarden Dollar zugelassen.

Der Staat *behindert* den Kauf von Unternehmensanleihen, indem er eine Anzahlung von 70 oder sogar 90 Prozent verlangt (die sogenannte Margin-Anforderung). Er *begünstigt* den Kauf von Eigenheimen, indem er Geld der Steuerzahler verpfändet, um Hauskäufe mit einer Anzahlung von nur 7 Prozent und manchmal sogar nur 2 Prozent zu erlauben. Im Jahr 1956 protestierte ein Unterausschuss des Kongresses sogar gegen diese minimalen Anzahlungen und erklärte, von einem Kriegsveteranen dürfe nicht verlangt werden, 200 Dollar in bar anzuzahlen, wenn er ein Haus im Wert von 10.000 Dollar kaufen wolle. Der Glaube, der Staat sei von dem politischen Druck ausgenommen, der zu einer solchen Ungleichbehandlung verschiedener Kreditnehmer führt, wird ein ums andere Mal widerlegt.

Wenn zugelassen wird, dass die allgemeinen Zinsen ihr angemessenes Niveau erreichen, und wenn die gesamte Kreditmenge unter Kontrolle gehalten wird, ist eine »selektive« Steuerung der Kreditmenge unnötig. Und wenn die gesamte Geld- und Kreditmenge *nicht* unter Kontrolle gehalten wird, haben auch »selektive« Kontrollen keinen Sinn. Wenn ein Mann 2500 Dollar in bar hat, für ein 10.000-Dollar-Haus jedoch nur 500 Dollar anzahlen muss, dann kann er sich auch noch ein Auto für 2000 Dollar leisten, während er sich selbst bei sehr lockeren Kreditbedingungen kein Auto kaufen kann, wenn er für das Haus 2500 Dollar anzahlen muss. Dieses Prinzip der Kreditverschiebung oder -substitution haben die Befürworter »selektiver« Kreditkontrollen anscheinend übersehen.

Kapitel 22
Müssen wir den Kredit rationieren?

Der Vorschlag, zu »selektiven« oder »qualitativen« Kreditkontrollen zurückzukehren, wird derart oft von Personen aufgegriffen, die als Autoritäten auf dem Gebiet der Geldpolitik gelten und solche Eingriffe als »eine der unerlässlichen Waffen im Kampf gegen die Inflation« bezeichnen, dass wir uns die Sache ein wenig genauer ansehen sollten.

Die Befürworter dieses Vorschlags können sich auf Präzedenzfälle berufen – es ist jedoch zu bezweifeln, ob wir positive Schlüsse aus diesen Erfahrungen ziehen können. Die amerikanische Regierung griff zwischen 1941 und 1952 mehrere Male zur »selektiven« Kreditkontrolle. In Europa sind solche Maßnahmen sehr beliebt. Aber wenn wir uns die Resultate ansehen, stellen wir fest, dass eine Nachahmung nicht ratsam ist. Selektive Kreditkontrollen sind lediglich ein weiterer Schritt auf dem Weg zur Planwirtschaft. Der logische nächste Schritt sind Investitions- und Preiskontrollen.

Bei den selektiven Kreditkontrollen handelt es sich in Wahrheit um staatliche Kontrollen der kurzfristigen Investitionen. Der Druck zur Einführung solcher Kontrollen geht von bestimmten Gruppen von Kreditnehmern aus, die auf Kosten aller anderen bevorzugt werden wollen. Und er geht von Währungshütern aus, die nicht den Mut haben, solche Forderungen zurückzuweisen und den Leitzins bis zu dem Punkt anzuheben, an dem er die Inflation stoppen wird. Wenn der Preis eines Produkts durch staatliche Kontrollen niedrig gehalten wird, beginnt die Nachfrage rasch das Angebot zu übersteigen, was zur Rationierung des Produkts führt. Selektive Kreditkontrollen sind nichts anderes als eine Rationierung des Kredits.

Durch die Kreditrationierung werden die potenziellen Kreditnehmer ungleich behandelt. Die Entscheidung, welche von ihnen bevorzugt werden sollen, wird der Politik überlassen und vom politischen Druck abhängig gemacht. Das ist in der Vergangenheit bereits geschehen. Der Erwerb eines Eigenheims gilt selbst dann, wenn sich der Käufer eigentlich kein Haus leisten kann, als so lobenswert, dass die Steuerzahler gezwungen werden, eine Garantie für 95 Prozent des Kaufpreises zu übernehmen. Der Kauf eines Kühlschranks, den der neue Besitzer in sein Haus stellen möchte, oder eines Autos, mit dem er von seinem neuen Haus zur Arbeit fahren kann, gilt als sehr viel weniger lobenswert, weshalb die Bedingungen, unter denen der Verkäufer dem Käufer Kredit gewähren kann – obwohl er das Risiko eines Zahlungsausfalls des Kreditnehmers selbst trägt –, per bürokratischem Erlass strenger definiert oder »liberalisiert« worden sind. Der Kauf von Aktien an der Börse (das heißt eine Investition in große Industrieunternehmen, welche die Produktion erhöhen und Arbeitsplätze schaffen) wird als antisozialer Akt betrachtet, weshalb der Staat dem Verkäufer verbietet, eine Anzahlung von weniger als 90 Prozent auf den vollen Preis der Aktien zu akzeptieren.

Der Staat fällt seine »selektiven« Kreditentscheidungen also auf der Grundlage von Druck und Vorurteilen großer Gruppen. Selbst wenn die bisherigen Erfahrungen mit dieser Praxis besser wären, müssen wir uns fragen, was wir von einem System halten sollen, das einer Gruppe von staatlichen Bürokraten die Macht gibt, die Kreditaufnahme für einen Zweck zu erleichtern und für einen anderen zu erschweren. Diese Bürokraten erhalten die Macht zu entscheiden, dass es einen Boom in einer Industrie geben sollte, während eine andere stranguliert werden sollte. Der einzige Grund dafür, dass sich »selektive« Kreditkontrollen nicht als zerstörerisch erwiesen haben, ist einfach, dass solche Kontrollen (aus den Gründen, die ich im vorhergehenden Kapitel erklärt habe) selten ihr Ziel erreichen.

Ich werde mich hier nur mit ein oder zwei von vielen Argumenten befassen, die in jüngster Zeit für die selektive Kreditvergabe vorgebracht worden sind. Beispielsweise wird behauptet, die »Kontrolle der allgemeinen Kreditmenge« sei eine »zu grobe Waffe«. In Wahrheit gibt es kaum ein präziseres und selektiveres Instrument als die Leitzinsen, um die Weitergabe echter Ersparnisse an kreditwürdige Kreditnehmer zu gewährleisten. Natürlich muss man dazu erlauben, dass diese allgemeinen Zinsen die tatsächlichen Angebots- und Nachfragebedingungen widerspiegeln. Es ist unsinnig zu behaupten, eine Anhebung des Leitzinses treffe nur »den kleinen Mann« und begünstige »die Großunternehmen«. Genauso gut könnte man behaupten, eine allgemeine Anhebung der Löhne treffe lediglich das kleine Projekt und begünstige das große. Jeder allgemeine Kostenanstieg macht lediglich die marginalen Projekte unmöglich, die kaum in der Lage sind, die höheren Kosten wieder hereinzuholen, und zwar unabhängig von ihrer Größe.

Das ist die Bedeutung und Funktion freier Märkte, sei es für den Preis verleihbaren Geldes oder für den Preis von Rohstoffen und für die Löhne.

Kapitel 23
Geld und Güter

Zu den verbreiteten Vorstellungen, die den Kampf gegen die Inflation erschweren, gehört die Überzeugung, die verfügbare Geldmenge müsse laufend erhöht werden, »um mit dem Wachstum der verfügbaren Gütermenge Schritt zu halten«.

Bei genauer Prüfung erweist sich diese Vorstellung als sehr nebulös. Wie kann man die Geldmenge mit der Gütermenge gleichsetzen? Wie können wir beispielsweise den Anstieg der Gesamtmenge aller Waren und Dienstleistungen messen? In Tonnen? Sollen wir eine Tonne Golduhren und eine Tonne Sand zusammenzählen?

Es wird allgemein angenommen, man könne die Gesamtmenge der Waren und Dienstleistungen anhand von Werten messen. Doch alle Werte werden in Geld ausgedrückt. Angenommen, in einem beliebigen Zeitraum bleibt die Menge der Waren und Dienstleistungen gleich, während sich die Geldmenge verdoppelt. Also müsste sich auch der Geldwert dieser Waren und Dienstleistungen in etwa verdoppeln. Wenn sich aber der Geldwert aller Waren und Dienstleistungen innerhalb eines bestimmten Zeitraums verdoppelt, wie können wir dann (außer in Form einer A-priori-Annahme) feststellen, inwieweit diese Entwicklung auf eine Erhöhung der Produktion oder auf einen Anstieg der verfügbaren Geldmenge zurückzuführen ist? Und wie können wir in Anbetracht der Tatsache, dass sich der Geldpreis (das heißt der »Wert«) jeder Ware im Verhältnis zu allen anderen laufend ändert, den Anstieg der Produktion exakt messen?

Ungeachtet dessen glauben manche Wirtschaftswissenschaftler, solche Fragen beantworten zu können, und obendrein präzise. Sumner H. Slichter von der Harvard University empfahl eine jährliche Erhöhung der Geldmenge um 2,5 Prozent, um den preisdrückenden Effekt einer angenommenen Steigerung der »Produktivität« um 2,5 Prozent pro Jahr auszugleichen. Arthur Upgren, Dekan der Tuck School of Business am Dartmouth College, schrieb 1955:

> *»Geschäftsleute, Bankiers und Wirtschaftswissenschaftler schätzen, dass die Nation einen Anstieg der Geldmenge um 4 bis 5 Prozent pro Jahr benötigt.«*

Auf diese bemerkenswerte Zahl kam er, indem er »ein jährliches Bevölkerungswachstum von 1,5 Prozent, eine jährliche Produktivitätssteigerung von 2,5 Prozent und einen Zuwachs von 1 Prozent zur Bedienung der spezialisierten Industrien« zusammenzählte. Das war ungefähr so, als würde er ein und dieselbe Sache zwei- oder dreimal zählen. Auf jeden Fall ist zweifelhaft, ob solche Schätzungen und Berechnungen, die so stark variieren, irgendeine wissenschaftliche Gültigkeit besitzen.

Und doch glauben inzwischen viele Menschen ernsthaft, dass es zu einem Preisrückgang und infolgedessen zu einer »Deflation« und einer Rezession kommt, wenn die Geldmenge nicht »proportional« zur Menge der Güter und Dienstleistungen steigt. Diese Vorstellung hält einer kritischen Überprüfung nicht stand.

Blieben Quantität und Qualität des Geldes gleich und stiege die Pro-Kopf-Produktivität in Industrie und Landwirtschaft stetig, so würden die Preise zugegebenermaßen tendenziell sinken. Das hätte aber keineswegs eine höhere Nettoarbeitslosigkeit oder eine dauerhafte Rezession zur Folge, denn die Geldpreise würden sinken, weil die realen (und die Geld-)Kosten der Produktion sinken würden. Die Gewinnmargen wären nicht zwangsläufig bedroht. Die Gesamtnachfrage wäre immer noch hoch genug, damit die Gesamtproduktion zu niedrigeren Preisen abgenommen werden könnte.

Ob ein Anreiz zur Produktion von Gütern besteht und wie hoch die Produktion ist, hängt von den *relativen* Gewinnmargen ab. Relative Gewinnmargen hängen nicht vom absoluten Preisniveau ab, sondern vom Verhältnis unterschiedlicher Preise zueinander und vom Verhältnis der Produktionskosten (Faktorpreise) zu den Preisen der Fertigerzeugnisse. Ein ausgezeichnetes Beispiel für Prosperität bei sinkenden Preisen lieferten die Jahre 1925 bis 1929, als trotz eines durchschnittlichen Rückgangs der Großhandelspreise um mehr als 2 Prozent pro Jahr die volle industrielle Aktivität aufrechterhalten wurde.

Die Vorstellung, die Geldmenge müsse laufend erhöht werden, um mit einer gestiegenen Menge an Waren und Dienstleistungen Schritt zu halten, hat zu Sorglosigkeit angesichts des ständigen Wachstums der Geldmenge geführt. Von Ende 1947 bis Ende 1959 wuchsen die Bankguthaben und der Geldumlauf um insgesamt 79 Milliarden Dollar, das heißt um 46 Prozent. Im selben Zeitraum erhöhten sich die durchschnittlichen Großhandelspreise um fast 24 Prozent, und das, obwohl der industrielle Produktionsindex um 60 Prozent stieg.

Kapitel 24
Der grosse Schwindel

In diesem Kapitel stelle ich eine Tabelle vor, die die First National City Bank of New York im Juli 1964 in ihrem monatlichen Bericht zur wirtschaftlichen Entwicklung veröffentlichte. Diese Tabelle zeigt, wie die Kaufkraft der Währung von 42 Ländern in den zehn Jahren zwischen 1953 und 1963 schrumpfte. Die Zahlen wurden anhand der Angaben der jeweiligen nationalen Behörden zum Anstieg der Lebenshaltungskosten bzw. des Verbraucherpreisindex berechnet.

Wir müssen uns diese erschreckende weltweite Entwicklung vor Augen halten, denn sie erinnert uns daran, dass die Inflation nichts weiter ist als ein großer Schwindel, der in unterschiedlicher Ausprägung – manchmal unwissentlich, manchmal zynisch – von fast jeder Regierung in der Welt betrieben wird. Dieser Schwindel erodiert die Kaufkraft der Einkommen und der Ersparnisse aller Menschen. Die Inflation ist eine versteckte Steuer, und obendrein die unfairste aller Steuern. Durch die Inflation werden die Einkommen und Ersparnisse der Armen zum gleichen Prozentsatz wie die Einkommen und Ersparnisse der Reichen besteuert. Am stärksten sind ausgerechnet die Sparsamen betroffen, die Älteren und all jene, die sich nicht gegen die Inflation schützen können, indem sie sich auf die Spekulation verlegen oder dank einer Gewerkschaft höhere Einkommen durchsetzen, um die Wertminderung der Währung zu kompensieren.

Warum macht niemand diesem Schwindel ein Ende? Der Grund dafür ist, dass die Regierungen Geld ausgeben möchten, sei es für Rüstungsgüter oder für Subventionen und Handreichungen für verschiedene Interessengruppen, sich jedoch nicht trauen, so viel Steuern zu erheben, wie sie ausgeben. Mit anderen Worten: Der Schwindel geht weiter, weil Regierungen die Wählerstimmen einiger von uns kaufen möchten und gleichzeitig dem Rest von uns verheimlichen, dass sie diese Stimmen mit *unserem* Geld kaufen. Er geht weiter, weil Politiker (teils unter dem Einfluss von Lord Keynes, der gern aus zweiter oder dritter Hand zitiert wird) glauben, auf diese Weise, und nur auf diese Weise, die »Vollbeschäftigung« – den gegenwärtigen Fetisch der selbsternannten Progressiven – aufrechterhalten zu können. Er geht weiter, weil der internationale Goldstandard aufgegeben wurde, weil die Währungen der Welt im Wesentlichen Papierwährungen sind, die ohne Anker auf den Wellen treiben, von jedem politischen Wind weggetragen werden und bürokratischen Launen ausgesetzt sind. Und dieselben Regierungen, die die Inflation vorantreiben, beteuern feierlich, sie würden sie »bekämpfen«. Indem sie eine Politik des billigen Geldes betreiben oder die Notenpresse anwerfen, erhöhen sie die Geld- und Kreditmenge und den unvermeidlich folgenden Schaden, um anschließend das unvermeidliche Ergebnis zu beklagen.

	Index des Geldwerts			Jährliche Wertminderungsrate (%, kumuliert)		
	1953	1958	1963	1953–58	1958–63	1953–63
Guatemala	100	95	95	1,0%	–	0,5
Ceylon	100	97	93	0,6	0,8	0,7
El Salvador	100	90	92	2,1	-0,4	0,9
Venezuela	100	97	92	0,6	1,2	0,9
Vereinigte Staaten	100	93	88	1,5	1,2	1,3
Belgien	100	92	87	1,7	1,2	1,4
Kanada	100	92	87	1,7	1,2	1,4
Portugal	100	95	86	1,0	1,9	1,5
Pakistan	100	91	86	1,9	1,2	1,5
Ecuador	100	98	85	0,4	2,7	1,6
Schweiz	100	93	84	1,5	2,1	1,8

	Index des Geldwerts			Jährliche Wertminderungsrate (%, kumuliert)		
	1953	1958	1963	1953–58	1958–63	1953–63
Deutschland	100	92	82	1,7	2,2	2,0
Südafrika	100	87	82	2,7	1,2	2,0
Philippinen	100	95	81	1,0	3,1	2,1
Australien	100	88	81	2,5	1,7	2,2
Indien	100	91	78	1,9	2,9	2,4
Österreich	100	90	78	2,1	2,7	2,4
Irland	100	86	78	3,0	1,9	2,4
Niederlande	100	85	77	3,2	1,9	2,5
Vereinigtes Königreich	100	86	77	3,0	2,2	2,6
Neuseeland	100	85	77	3,2	2,1	2,6
Italien	100	88	75	2,5	3,1	2,8
Norwegen	100	85	75	3,2	2,6	2,9
Schweden	100	84	73	3,4	2,7	3,1
Japan	100	92	72	1,7	4,7	3,2
Dänemark	100	86	71	3,0	3,8	3,4
Griechenland	100	76	70	5,3	1,7	3,6
Finnland	100	78	67	4,9	3,1	3,9
Frankreich	100	83	66	3,7	4,4	4,0
Mexiko	100	66	59	8,0	2,1	5,0
Iran	100	72	56	6,4	4,9	5,6
Spanien	100	71	55	6,6	4,9	5,7
Israel	100	72	55	6,4	5,1	5,7
Peru	100	74	50	5,8	7,6	6,7

	Index des Geldwerts			Jährliche Wertminderungsrate (%, kumuliert)		
	1953	1958	1963	1953–58	1958–63	1953–63
China (Taiwan)	100	68	46	7,4	7,6	7,5
Kolumbien	100	66	40	8,0	9,4	8,7
Türkei	100	58	38	10,3	8,2	9,3
Uruguay	100	57	18	10,6	20,6	15,8
Argentinien	100	46	9	14,4	27,3	21,1
Brasilien	100	42	6	15,9	31,9	24,4
Chile	100	13	5	33,5	18,2	26,3
Bolivien	100	4	3	47,5	7,9	30,5

Anmerkung: Die Wertminderung wurde auf der Grundlage von nicht gerundeten Daten berechnet und nach reziproken Werten der offiziellen Indizes der Lebenshaltungskosten und Verbraucherpreise bemessen.

Kapitel 25
Leichtes Geld = Inflation

Im Frühsommer des Jahres 1957 fand Finanzminister Humphrey bei der Befragung durch einen Kongressausschuss klare Worte zu den Ursachen der Inflation und erteilte den Befürwortern des billigen Geldes eine beeindruckende Lektion.

Die Inflationisten behaupteten, die Regierung habe das Kreditvolumen verringert und durch eine Anhebung der Zinssätze eine Inflation und einen Preisanstieg ausgelöst.

Was das Kreditvolumen betraf, so konnte Humphrey problemlos beweisen, dass es in Wahrheit »in den vergangenen vier Jahren beträchtlich gestiegen« war. In der Tat war es, wie der Minister erläuterte, seit 1952 um die schwindelerregende Summe von 146,5 Milliarden Dollar *gestiegen* (davon entfielen 135,8 Milliarden auf »Ersparnisse« und 10,7 Milliarden auf die »Kreditexpansion der Banken bzw. die Erhöhung der Geldmenge«), wenn man Hypotheken-, Verbraucher-, Firmen- und andere Formen von Nichtbankkrediten mitrechnete. Der Vorwurf, die Regierung betreibe eine »Politik des knappen Geldes«, reduzierte sich damit auf die Tatsache, dass sie der Geldmengenexpansion gewisse Grenzen gesetzt hatte.

Humphrey lieferte die bislang beste offizielle Antwort auf die häufig vorgebrachte Behauptung, eine Anhebung der Zinssätze führe zu Preissteigerungen, weil Zinssätze zu den Produktionskosten zählten. Anhand der Bruttoumsätze aller Erzeuger legte er dar, dass beim Einkaufspreis eines Artikels, der 100 Dollar kostet, circa 33 Cent (explizite) Zinsen zu Buche schlagen. In den zehn Jahren seit 1946 waren »die Preise der Güter, die Konsumenten kaufen, bei einem 100-Dollar-Artikel um 27,5 Prozent bzw. 27,50 Dollar gestiegen [aufgrund von Arbeits- und anderen Kosten], während ein höherer Zinssatz lediglich mit einer Steigerung um 20 Cent zu Buche schlug«.

Humphreys Vergleiche beim Hausbau waren nicht weniger aufschlussreich. Ein Haus, dessen Baukosten im Jahr 1946 10.000 Dollar betragen hatten, kostete 1957 19.000 Dollar. Wenn der Zinssatz für ein Federal-Housing-Administration-Darlehen von 4 Prozent im Jahr 1946 auf 5 Prozent im Jahr 1957 anstieg, dann stieg die monatliche Tilgungsrate (ausgehend von einer 15-prozentigen Anzahlung und einer Laufzeit von zwanzig Jahren) von 51,51 Dollar für das Haus von 1946 auf 106,58 Dollar für das Haus von 1957. Von dieser Zunahme waren lediglich 8,71 Dollar den höheren Zinskosten geschuldet; die restlichen 46,36 Dollar gingen auf andere Kosten zurück, die durch die Inflation in die Höhe getrieben worden waren.

Doch wenn man die Zinssätze künstlich auf ein niedriges Niveau drückt, befördert man die Kreditaufnahme und somit einen Anstieg der Geld- und Kreditmenge. Und eben diese gestiegene Geldmenge lässt die Preise (und die Kosten) ansteigen. Sie ist das Herz der Inflation.

In Wahrheit konnte man der Federal Reserve nicht vorwerfen, dass sie die Kredite zu knapp und die Zinssätze zu hoch angesetzt hatte; ihr Fehler war vielmehr, dass sie dem Druck der Inflationisten nachgegeben hatte. Sie hatte zu großzügig Kredite vergeben und die Zinssätze zu niedrig angesetzt. Gerade weil die Zinssätze 1957 noch zu niedrig waren, überstieg die Nachfrage nach Krediten noch immer das Angebot. Ein Diskontsatz von nur 3 Prozent (während Staatsanleihen mit einer Laufzeit von einundneunzig Tagen einen Ertrag von 3,404 Prozent abwarfen) war inflationär. Die Fed ist nach wie vor gut beraten, dem Beispiel Kanadas zu folgen und den Diskontsatz immer bei mindestens 0,25 Prozent über dem Anleihezins zu halten. Das würde zwar nicht ausreichen, um die Inflation zu stoppen, aber er wäre eine unabdingbare Voraussetzung dafür. Außerdem hätte es einen wichtigen politischen Vorteil: Es würde zeigen, dass die Fed lediglich dem Markt folgt und nicht willkürlich die Zinssätze anhebt.

Kapitel 26
Inflation durch Kostendruck?

Anfang des Jahres 1957 tauchte die Theorie auf, es gebe eine »neue« Art von Inflation. Robert C. Tyson, Vorsitzender des Finanzausschusses der United States Steel Corporation, beschrieb das folgendermaßen:

> *»Bei unserer neuen Art von Inflation handelt es sich offenbar um eine Kosteninflation, die die Preise nach oben drückt, und nicht um eine Preisinflation, die die Kosten durch den Wettbewerb um Material und Arbeitskräfte nach oben zieht. Wir können uns das als eine neuartige Kostendruckinflation vorstellen, im Unterschied zu der herkömmlichen nachfrageinduzierten Inflation.«*

Der Industrieverband National Industrial Conference ging in einer Studie noch weiter und erklärte:

> *»Obgleich die in Umlauf befindliche Geldmenge durch die Politik der Federal Reserve knapp gehalten wird, hält der Aufwärtstrend der Konjunktur an. [...] Da die Preise laufend steigen, können wir aus der Entwicklung im Jahr 1956 die Lehre ziehen, dass das Geld und seine Nutzungsrate nicht die einzigen Preisdeterminanten sind. [...] Die entscheidende Frage lautet heute: Inwieweit sind monetäre Kontrollen das geeignete Mittel, um einem Preisdruck zu begegnen, der durch nichtmonetäre Kräfte entstanden ist?«*

Rückblickend habe ich den Eindruck, dass solche Theorien Wahrheit und Dichtung miteinander vermengen. Der Industrieverband versuchte, sein Argument statistisch zu belegen. Doch wie das Amt für Arbeitsmarktstatistiken (U.S. Bureau of Labor Statistics, BLS) am 13. Mai 1957 in einer Studie über Produktivität, Kosten und Preise feststellte:

> *»Wo die Zahlen darauf hinweisen, dass Preise und Lohnstückkosten etwa im selben Maß stiegen oder dass eine der beiden Variablen in einem bestimmten Jahr oder Jahreszeitraum deutlicher stieg als die andere, sollte das einfach als eine Beschreibung der Geschehnisse und nicht unbedingt als eine Erklärung dafür betrachtet werden, was die ›Veränderung‹ ausgelöst hat. Ein Anstieg der Lohnstückkosten könnte zu einer Preissteigerung führen, aber umgekehrt kann eine Preissteigerung den Druck zu Lohnerhöhungen erheblich erhöhen. [...] Die Frage, ob die Lohnerhöhungen den Preisanstieg verursachen oder umgekehrt, lässt sich anhand der Zahlen allein nicht beantworten.«*

In dem BLS-Bericht hieß es weiter:

> *»Der durchschnittliche Stundenlohn [von Arbeitern] in aktuellen Dollar ist in der Nachkriegszeit [1947–56] viel stärker gestiegen als die Produktivität. Die Löhne sind um etwa 61 Prozent gestiegen, die Produktivität um 26 Prozent. So stiegen die Arbeitslöhne um etwa 28 Prozent pro Dollar des Realprodukts.«*

Das klingt ominös, aber nur, weil die Erklärung verwirrend ist. Vier Abschnitte weiter unten hieß es in dem Bericht:

> *»Der Anstieg der Arbeitslöhne um etwa 28 Prozent pro Dollar des Realprodukts war beinahe identisch mit der Teuerungsrate zwischen 1947 und 1956.«*

Mit anderen Worten: Der Begriff »Produktivität« im ersten Zitat bezog sich auf die *reale* Produktivität, nicht auf ihren *Dollarwert.* Addiert man die 26-prozentige Steigerung der »Produktivität« und den 28-prozentigen Anstieg des Preisniveaus, kommt man fast auf die 61 Prozent der Steigerung der Arbeitslöhne.

Der Industrieverband versuchte zu beweisen, dass der Anstieg der Geldmenge nicht die Ursache für den Preisanstieg in den beiden vorangegangenen Jahren sein konnte, da die Geldmenge in diesem Zeitraum nicht gestiegen war. Dabei ließ er jedoch einen Vergleich über einen längeren Zeitraum außer Acht und nahm irrtümlicherweise an, dass sich Veränderungen der Geldmenge exakt proportional in den Preisen widerspiegeln müssen, ohne zeitliche Verzögerung oder Vorwegnahmen. Eine Expansion der Geld- und Kreditmenge ist sowohl eine notwendige Voraussetzung als auch ein ausreichender Grund für eine Inflation. Ohne eine solche Expansion würde ein übermäßiger Anstieg der Löhne einfach zu Arbeitslosigkeit führen.

Ich bedaure, zwei ansonsten hervorragende und informative statistische Berichte kritisieren zu müssen. Und sofern sie politische Auswüchse beschreiben, liegen die »Kostendruck«-Theoretiker durchaus richtig. Unsere Politiker legen unverantwortlich und verlockend viel Macht in die Hände von Gewerkschaftsführern und ersuchen sie dann darum, diese Macht nicht zu gebrauchen. Sie schaffen die natürlichen wirtschaftlichen Sanktionen für Leichtfertigkeit ab und bitten dann inständig um Zurückhaltung. Würde die Federal Reserve tatsächlich versuchen, die Geld- und Kreditmenge konstant zu halten, während die Gewerkschaftsführer die Lohnsätze nach oben drücken, so würden die Politiker die Federal Reserve und nicht die Gewerkschaften für die daraus resultierende Arbeitslosigkeit und Rezession verantwortlich machen.

Solange das politische Klima derart ungesund bleibt, wird es unmöglich sein, die Inflation aufzuhalten. Dabei könnten wir sie mit Verstand und Mut über Nacht beenden.

Kapitel 27
Unvereinbare Ziele

Im Januar 1957 befasste sich die Guaranty Trust Company of New York in ihrem monatlichen Überblick mit einem Problem, das bereits die Aufmerksamkeit führender europäischer Wirtschaftswissenschaftler geweckt hatte und nun auch in den Vereinigten Staaten in den Vordergrund rückte. Dabei ging es um die Kollision zwischen den wirtschaftlichen Zielen von Regierungen, welche die »Verantwortung« für das Erreichen bestimmter »Ziele« übernehmen.

Seit Ende des Zweiten Weltkriegs verfolgen Regierungen weltweit drei Ziele, die nicht miteinander vereinbar sind. Dabei handelt es sich um (1) kontinuierlich steigende Löhne, (2) stabile Preise und (3) Vollbeschäftigung.

Es versteht sich von selbst, dass diese Ziele nicht gleichzeitig erreicht werden können. Selbst kurzfristig können zwei dieser Ziele nur erreicht werden, wenn das dritte geopfert wird. Wenn wir uns also (ungeachtet der Produktivität) kontinuierlich steigende Löhne zum Ziel setzen, können wir Vollbeschäftigung nur erreichen, wenn wir bereit sind, einen Anstieg der Preise hinzunehmen, um die Gewinnmargen aufrechtzuerhalten, und wenn wir die Kaufkraft des Geldes so weit erhöhen, dass die Konsumenten die höheren Preise auch bezahlen können. Doch gleichzeitig sind wir gezwungen, das Ziel der Preisstabilität aufzugeben und eine dauerhafte Inflation hinzunehmen.

Wenn wir dagegen versuchen, sowohl einen kontinuierlichen Lohnanstieg als auch Preisstabilität zu erreichen, werden wir bald an einen Punkt gelangen, an dem wir dieses Ziel nur zum Preis von Arbeitslosigkeit, möglicherweise sogar von Massenarbeitslosigkeit, erreichen können. Wenn wir sowohl stabile Preise als auch Vollbeschäftigung anstreben, dann müssen die alljährlich durch Streiks und Streikdrohungen erzwungenen Lohnerhöhungen (die vom Produktivitätswachstum unabhängig sind) aufgegeben werden.

Angesichts des Drucks von Gewerkschaftsführern und anderen Gruppen und in Anbetracht der fixen Idee, dass die Regierung für jedermanns wirtschaftliches Wohlergehen »Verantwortung übernehmen muss«, haben sich westliche Regierungen in den vergangenen Jahrzehnten immer für steigende Löhne und Vollbeschäftigung entschieden, die durch eine sogenannte »schleichende« Inflation finanziert wurden.

Es mangelt nicht an Versuchen, vernünftige Begründungen für diese Vorgehensweise zu finden, und zu den offenherzigsten gehört die von Sumner H. Slichter von der Harvard University. Slichter ging anscheinend davon aus, dass eine »schleichende« Inflation von ungefähr 2 Prozent pro Jahr sowohl notwendig als auch vertretbar sei. Wie Winfield Riefler von der Federal Reserve bereits dargelegt hat, würde eine Inflation von 2 Prozent pro Jahr – selbst wenn wir annehmen, sie im Griff zu haben – zu »einer Erosion der Kaufkraft des Dollar um etwa die Hälfte innerhalb einer Generation« führen. Eine solche »Lösung« bedeutet, dass Millionen Menschen, die Ersparnisse auf der Bank haben, Lebensversicherungen oder Staatsanleihen besitzen oder ein stabiles bzw. nur langsam reagierendes Einkommen beziehen, auf legale Art ausgeplündert werden. Das allein genügt, um diesen Kurs abzulehnen.

Abgesehen davon würde er nicht funktionieren. In dem Moment, da eine Inflation geplant, zur Kenntnis genommen und *vorhergesehen* wird, ist das Spiel bereits verloren. Inflation ist ein Schwindel. Man kann dem künftigen Opfer nicht im Voraus mitteilen, dass man die Absicht hat, es zu beschwindeln. Slichters Vorhaben diente in erster Linie dazu, die alljährlichen Lohnforderungen der Gewerkschaften erfüllen zu können. Würde der Plan jedoch in die Tat umgesetzt, würden Gewerkschaftsführer einfach die 2 Prozent (oder wie hoch die geplante Inflation auch immer ausfallen würde) auf die Forderungen draufschlagen, die sie ohnehin gestellt hätten. Kreditgeber, Investoren, Händler, Spekulanten – sie alle würden ihre Forderungen erhöhen oder ihren Betrieb umstellen, um der Inflation ein Schnippchen zu schlagen. Würde die Inflation außer Kontrolle geraten, so würden wir wieder auf einen hyperinflationären Zusammenbruch des gesamten Finanzsystems zusteuern.

Nach wie vor ist nur einer erschreckend kleinen Minderheit unter den »Experten« klar, dass die Preise im frühen Stadium einer Inflation für gewöhnlich *weniger* steigen als die Geldmenge, während sie im späteren Stadium einer Inflation grundsätzlich *mehr* steigen als die Geldmenge.

Es gibt jedoch eine Möglichkeit, alle drei Ziele – steigende Löhne, stabile Preise und Vollbeschäftigung – zu erreichen (vorausgesetzt, diese Ziele werden vernünftig interpretiert). Dazu müssen eine solide Währung und eine wirklich freie Wirtschaft wiederhergestellt werden. In einer solchen Wirtschaft könnten die Löhne zugegebenermaßen nicht schneller steigen als die Grenzproduktivität der Arbeit, aber sie könnten *ebenso schnell* steigen wie die Grenzproduktivität der Arbeit, obgleich sich der Anstieg ihrer realen Kaufkraft eher in niedrigeren Preisen als in höheren Lohntarifen widerspiegeln würde.

Kapitel 28
Die »gesteuerte« Inflation

Der Wirtschaftswissenschaftler Gardiner C. Means, der in den dreißiger Jahren den Begriff der »administrierten Preise« prägte, formulierte 1957 die Theorie, die gegenwärtige Inflation sei eine »administrierte« Inflation. Um das Problem zu lösen, so Means, sollte der Präsident ein Treffen mit den führenden Wirtschafts- und Gewerkschaftsvertretern anberaumen und sie dazu bringen, Löhne und Preise für ein, zwei Jahre »auf einem fixierten Niveau zu halten«.

Doch seine Theorie über die Ursachen der Inflation war und ist falsch. Das Mittel, das er vorschlug, war damals ebenso überflüssig wie heute. Es würde nicht funktionieren, sondern die Krankheit, die es heilen soll, nur noch verschlimmern.

In der Vergangenheit – und dem würde Means zustimmen – waren Inflationen stets »monetäre« Inflationen, sprich: das Ergebnis einer wachsenden Menge Geldes, mit dem für die verfügbare Menge an Waren und Dienstleistungen geboten wird. Das ist korrekt. Und es trifft auf *jede* Inflation zu, auch auf die gegenwärtige (das heißt auf die Inflation von 1939 bis 1960 bis ...).

Das lässt sich anhand einer beliebigen Reihe von Langzeitvergleichen demonstrieren. Ende 1939 belief sich die Gesamtmenge an Geld und Bankkrediten (das heißt die Gesamtsumme der Bankeinlagen zuzüglich des Geldumlaufs außerhalb der Banken) auf 64,7 Milliarden Dollar. Bis März 1957 stieg sie auf 221,5 Milliarden Dollar, was einer Zunahme von 246 Prozent entspricht. 1939 lag der Index der Großhandelspreise bei 50,1; bis 1957 stieg er auf 117,4, was einem Anstieg von 136 Prozent entspricht. Dass die Großhandelspreise in diesem Zeitraum nicht noch stärker stiegen, lag hauptsächlich daran, dass die Produktion ebenfalls deutlich erhöht wurde. Das Wachstum der Geldmenge erklärt die gegenwärtige Inflation vollkommen. Wir haben es keineswegs mit einer »neuen Art« von Inflation zu tun und brauchen keine neuen Erklärungen.

Weder logische Überlegungen noch statistische Vergleiche stützen die Inflationstheorie der »administrierten« Preise. Wenn Verkäufer die Preise auf jedes beliebige Niveau festlegen können, warum waren die Preise dann 1957 oder 1955 oder 1949 oder 1939 oder 1914 nicht so hoch, wie sie heute sind? Warum werden die Preise dann heutzutage angehoben? Und was hat sie davon abgehalten, sogar noch stärker zu steigen?

Zugegeben, bestimmte Preise werden (innerhalb enger Grenzen) auf einem anderen Niveau festgesetzt, als es ein vollkommen freier Wettbewerb zulassen würde. Die einzigen Preise, die direkt gesteuert werden, sind diejenigen, die von der Regierung festgesetzt werden. Dazu gehören sämtliche Kosten der öffentlichen Versorgung und die Bahnpreise. Diese werden jedoch eher nach unten gesteuert als nach oben. Und natürlich werden auch die Preise landwirtschaftlicher Produkte von der Regierung insofern gestützt, als sie oberhalb des Niveaus liegen, welches sie auf dem freien Markt erzielen würden. 1957 waren die Preise landwirtschaftlicher Erzeugnisse im Vergleich zu 1939 um 150 Prozent gestiegen, während sich industrielle Erzeugnisse nur um 116 Prozent verteuert hatten.

Aber kein Preis wird umfassender gesteuert als jener der Arbeit. Die Nominallöhne wurden durch mächtige Gewerkschaften in der gesamten Industrie nach oben getrieben. So kam es, dass die Stundenlöhne im Fertigungssektor zwischen 1939 und 1957 um 229 Prozent stiegen.

Um all dem entgegenzuwirken, schlug Means 1957 vor, der Präsident solle mit den führenden Wirtschafts- und Gewerkschaftsvertretern zusammenkommen und sich »mit ihnen darauf einigen«, Preise und Löhne »auf einem fixierten Niveau zu halten«. Solche Übereinkünfte würden großen Schaden anrichten, vor allem, wenn sich alle daran hielten. Eine solche Steuerung würde die relativen Schwankungen von bestimmten Preisen und Löhnen verhindern, die notwendig sind, um die Produktion an die Schwankungen von Angebot und Nachfrage anzupassen.

Sämtliche gesetzlichen Regelungen oder freiwilligen Vereinbarungen zur Festschreibung von Preisen und Löhnen sind in der Vergangenheit unter politischem Druck zusammengebrochen, insbesondere unter dem Druck zu Lohnerhöhungen. Means brachte eine eher ungeschickte Lösung ins Spiel, um diesem Umstand Rechnung zu tragen. Die Vereinbarungen, die er vorschlug, hätten »geringfügige« Lohnsteigerungen zugelassen, um dem Anstieg der Produktivität gerecht zu werden und Anpassungen vorzunehmen, »wo erhebliche Ungleichheit zwischen bestimmten Lohnsätzen eine Korrektur erforderlich macht«. Jeder, der sich an unsere Erfahrungen im Zweiten Weltkrieg erinnert, sollte wissen, dass solche Schlupflöcher so eifrig genutzt würden, dass Status-quo-Vereinbarungen zu einer Farce verkommen würden. Doch selbst das wäre immer noch besser als die strikte Umsetzung solcher Vereinbarungen; denn der Versuch, ein festes Preis- und Lohnniveau aufrechtzuhalten, hätte – insbesondere bei gleichzeitigem Anstieg der Geld- und Kreditmenge – katastrophale Auswirkungen auf die Produktion.

Pläne wie die von Means sind vollkommen überflüssig. Um die Inflation zu stoppen, müssen wir lediglich die Expansion der Geld- und Kreditmenge unterbinden und eine Gesetzgebung aufheben, die Monster-Gewerkschaften schafft und ihnen die Macht gibt, Lohnerhöhungen zu erzwingen, denen sich die Arbeitgeber unmöglich entziehen können.

Kapitel 29
Das Ende des leichten Geldes

Einer der wichtigsten Gründe für die anhaltende Inflation in Europa und den USA ist, dass die Regierungen oder Zentralbanken an zu niedrigen kurzfristigen Zinsen festhalten. Zu niedrige Zinsen laden stets zu übermäßiger Kreditaufnahme ein, die mit einer Ausweitung der Geld- und Kreditmenge einhergeht, die wiederum einen weiteren Anstieg der Rohstoffpreise auslöst.

Selbstverständlich kann eine Regierung oder Zentralbank die Zinsen für lange Zeit niedrig halten, sei es, indem sie direkt Geld druckt oder die zwangsläufig aus zu niedrigen Leitzinsen resultierende übermäßige Kreditaufnahme und damit eine Erhöhung der Kreditmenge zulässt. Weniger bekannt ist, dass man nicht unbegrenzt am billigen Geld festhalten kann. Denn damit löst man eine Dynamik aus, welche die Zinsen schließlich auf ein höheres Niveau treibt, als erreicht worden wäre, hätte die Regierung nie eine Politik des billigen Geldes betrieben.

Die Erhöhung der Geld- und Kreditmenge, die erforderlich ist, um die Zinsen niedrig zu halten, treibt auch die Rohstoffpreise und Löhne in die Höhe. Höhere Rohstoffpreise und Löhne zwingen die Unternehmen dazu, sich entsprechend mehr Geld zu leihen, um ihr Geschäftsvolumen aufrechterhalten zu können. Daher steigt die Nachfrage nach Krediten bald so schnell wie das Angebot. Zu einem späteren Zeitpunkt entfaltet noch ein weiterer Faktor seine Wirkung: Sobald sowohl die Kreditgeber als auch die Kreditnehmer zu fürchten beginnen, dass die Inflation *anhalten* wird, beginnen die Preise und Löhne *schneller* zu steigen als die Geld- und Kreditmenge. Die Kreditnehmer wollen sich noch mehr Geld leihen, um vom erwarteten weiteren Preisanstieg zu profitieren, und die Kreditgeber beharren auf höheren Zinsen als Versicherung gegen die zu erwartende Verringerung der Kaufkraft des Geldes, das sie verleihen.

Wenn diese Dynamik extreme Formen annimmt, kann es zu einer Situation wie in Deutschland im November 1923 kommen, als die Zinsen für Tagesgeld *jeden Tag* um 30 Prozent stiegen. In einer etwas milderen Form war dasselbe Phänomen im Jahr 1957 in Großbritannien zu beobachten. Während amerikanische Anleihen mit zweieinhalbjähriger Laufzeit im Juni 1957 bei 86 Prozent ihres Ausgabekurses notierten, bekam man britische Anleihen mit derselben Laufzeit schon für 50 Prozent, das heißt für die Hälfte des Ausgabepreises. Aber die britischen Aktien hatten ein Niveau erreicht, bei dem die Rendite für den Investor in vielen Fällen deutlich unter jener der britischen Staatsanleihen lag. Eine Londoner Investmentfirma erklärte es so:

> *»Es wird das Argument vorgebracht, aufgrund der Tatsache, dass das Pfund im vergangenen Jahrzehnt durchschnittlich 4,75 Prozent seines Wertes pro Jahr verloren hat, werfe jede Geldanlage, deren Gesamtnettorendite über einen gegebenen Zeitraum hinweg unter diesem Niveau liegt, einen negativen Ertrag ab, weshalb sie nicht in Frage komme.«*

Das leichte Geld verlor an Attraktivität. Deshalb hob die Bank of England im September 1957 ihren Diskontsatz auf 7 Prozent an.

Kapitel 30
Kann die Inflation dauerhaft auf geringem Niveau verharren?

Da fast alle Leute – einschließlich jener, die sich lautstark für eben jene Dinge aussprechen, die der Inflation Nahrung geben – behaupten, Gegner der Inflation zu sein, war es erfrischend, die Stellungnahme eines Mannes wie Sumner H. Slichter von der Harvard University zu lesen, der die Inflation ganz offen als »notwendiges Übel« bezeichnete und seine Überzeugung zum Ausdruck brachte, die Wirtschaft könne ohne dieses Übel nicht gedeihen.

Allerdings beeilte sich Slichter hinzuzufügen, ihm schwebe lediglich eine »schleichende« Inflation vor (im Gegensatz zur »galoppierenden« Inflation), obwohl er sich nicht darauf festlegen wollte, an welchem Punkt das Schleichen seiner Meinung nach in einen Galopp übergehen würde. An einigen Stellen war er so indiskret zu erklären, eine Teuerungsrate von 2 oder 3 Prozent im Jahr sei akzeptabel. Aber wie wir gesehen haben, würde die Inflation, selbst wenn wir sie in diesem »Zielkorridor« halten könnten, die Kaufkraft des Dollar innerhalb einer Generation etwa um die Hälfte verringern.

Und selbst dann würde das von Slichter angestrebte Ziel nicht erreicht. Er glaubte, die Preise müssten in diesem Maß steigen, um die Lohnforderungen der Gewerkschaften erfüllen zu können. Aber in dem Augenblick, da Slichters Inflationsprogramm in die Tat umgesetzt würde, würden die Gewerkschaften einfach die jährliche Inflationsrate auf ihre Lohnforderungen aufschlagen, wie wir in Kapitel 27 gesehen haben. Tatsächlich würden Kreditgeber, Investoren, Produzenten, Einzelhändler und Spekulanten allesamt ihre Forderungen erhöhen oder ihren Betrieb ändern, um der Inflation ein Schnippchen zu schlagen, und diese würde daraufhin einem neuen Höhepunkt zustreben. Eine an Wert verlierende Währung muss letzten Endes dem Gesetz der Beschleunigung gehorchen, das für jeden fallenden Körper gilt.

Slichter empfahl in einem Artikel in der *Harvard Business Review* im Jahr 1957 nicht nur eine schleichende Inflation, sondern rügte Neil H. Jacoby, einen ehemaligen Wirtschaftsberater des Präsidenten, und C. Canby Balderston, den stellvertretenden Vorsitzenden der Federal Reserve, weil sie sich gegen die Inflation aussprachen. Ich kann an dieser Stelle nicht im Einzelnen auf sämtliche Widersprüche in Slichters Artikel eingehen, sondern möchte mich darauf beschränken, einige Beispiele für seine falsche Argumentation anzuführen.

Slichter erklärte, es sei falsch zu glauben, dass sich »eine schleichende Inflation zwangsläufig früher oder später in eine galoppierende Inflation verwandelt«, denn im vergangenen Vierteljahrhundert sei diese Entwicklung in den Vereinigten Staaten ausgeblieben. In Wahrheit hatten sich die Lebenshaltungskosten in den vorangegangenen siebzehn Jahren mehr als verdoppelt, was kaum als schleichender Preisauftrieb bezeichnet werden kann. Slichter hätte einen Blick auf den französischen Franc werfen können, dessen Kaufkraft damals bereits auf deutlich weniger als ein Hundertstel des Niveaus von 1914 zusammengeschrumpft war. Oder er hätte sich den Medianwertverlust von 42 nationalen Währungen in den vergangenen neun Jahren ansehen können: Dieser belief sich auf ein Drittel!

Slichter scheint mir ein wenig hartherzig zu sein, wenn es um die Verluste der Sparsamen in den letzten Jahren geht. Über die Millionen Sparer und Anleihebesitzer, die mit ansehen mussten, wie die Kaufkraft ihrer Ersparnisse um ein Drittel oder die Hälfte abnahm, sagt er ungerührt: »Diese Leute werden für ihre Fehlurteile in Geldangelegenheiten bestraft.« Nun, ihr Fehlurteil bestand darin, der Währung ihres Landes zu vertrauen und der Aufforderung ihrer Regierung zum Kauf von Staatsanleihen Folge zu leisten.

Slichters Vorschläge beruhen auf der fixen Idee, eine stetige schleichende Inflation sei eine unerlässliche Voraussetzung für Vollbeschäftigung. Dieser Irrglaube bewegte ihn dazu, ein Argument Jacobys dahingehend zu missdeuten, dass »die Preise stabil gehalten werden sollten, indem man dafür sorgt, dass die Arbeitslosenrate unter 4 Prozent sinkt«. In Wahrheit gibt es keinen notwendigen Zusammenhang zwischen Vollbeschäftigung (oder ihrer Abwesenheit) und Inflation, sondern ein ausreichendes Beschäftigungsniveau hängt einzig und allein davon ab, ob es gelingt, fließende und funktionierende Wechselwirkungen zwischen Löhnen, Preisen und Gewinnen herzustellen. Slichter scheint das Argument nicht zu verstehen, dass die Gewerkschaften nicht in der Lage sind, die Reallöhne sämtlicher Arbeitskräfte zu erhöhen, und sein Gegenargument verfehlt das Ziel.

Im Bemühen, den von der Inflation angerichteten Schaden kleinzureden, übersieht Slichter, dass bei einem angemessenen Beschäftigungsniveau eine fortgesetzte Inflation ebenso vielen Menschen schaden wird, wie sie nutzt, denn der Einkommenszugewinn infolge der Inflation muss durch einen entsprechenden Kaufkraftverlust ausgeglichen werden.

Kapitel 31
Wie man Schulden weginflationiert

Als die Regierung Eisenhower (genau wie die demokratischen Vorgängerregierungen) darauf hingewiesen wurde, dass der gewaltige Schuldenberg der Vereinigten Staaten weiter wachse, lautete eine ihrer bevorzugten Rechtfertigungen, im Verhältnis zum Sozialprodukt seien die Schulden nicht gestiegen.

Diese Antwort lässt die Tatsache außer Acht, dass das Sozialprodukt (gemessen in Dollar) vor allem deshalb gewachsen ist, weil die Preise gestiegen sind, und dass die Preise infolge der Geldentwertung gestiegen sind, die teilweise auf eben jene Defizitfinanzierung zurückzuführen ist, die den Schuldenberg hat wachsen lassen. Diese Rechtfertigung läuft also auf darauf hinaus, dass die Staatsschulden nicht gestiegen sind, weil sie in Dollar zurückgezahlt werden können, die weniger wert sind.

Es gibt heute kaum noch eine Regierung, die sich nicht mit einem solchen Erfolg brüsten kann. Am Ende dieses Kapitels findet der Leser eine Tabelle, die aus *Pick's World Currency Report* (August 1957) stammt. Sie zeigt, was in den neun Jahren zwischen 1948 und 1957 mit den öffentlichen Schulden von zwölf führenden Ländern geschah. Nur drei dieser Länder verringerten ihre Schulden gemessen an ihrer eigenen Währung; in den übrigen neun Ländern stiegen die Schulden weiter. Aber obwohl sie gemessen am Nominalwert ihrer Währungen mehr schuldeten als ein Jahrzehnt früher, mussten etwa die Vereinigten Staaten, Brasilien, Frankreich, Schweden und Großbritannien real sehr viel weniger zurückzahlen als zehn Jahre früher. So stiegen die Schulden der Vereinigten Staaten zwischen 1948 und 1957 um 24 Milliarden Dollar, aber durch die verringerte Kaufkraft des Dollar waren Schulden im Gegenwert von 42 Milliarden Dollar ausgelöscht worden. Obwohl Frankreich seine

Schulden seit 1948 von 3412 Milliarden auf 6506 Milliarden Franc erhöht hatte, löschte das Land gemessen an der Kaufkraft von 1948 3383 Milliarden Franc dieser Schulden aus.

So betrügen die Staaten heute ihre Gläubiger, genauer gesagt die Bürger, die der Aufforderung Folge leisten, ihrer patriotischen Pflicht nachzukommen und ihrem Staat Geld zu leihen.

Das ist keineswegs neu. Die Praxis war bereits altbewährt, als Adam Smith sie im Jahr 1776 in *Der Wohlstand der Nationen* (*The Wealth of Nations*) anprangerte:

> *»Wo die öffentlichen Schulden einmal eine bestimmte Höhe erreicht haben, ist es meines Wissens nie gelungen, sie auf gerechte Weise und vollständig zurückzuzahlen. Sofern es überhaupt gelang, die Staatsfinanzen wieder einigermaßen in Ordnung zu bringen, bediente man sich stets dazu des Bankrotts, [...] aber selbst wenn oft eine vorgetäuschte Zahlung erfolgte, handelte es sich stets um einen echten Bankrott. Gewöhnlich wurde einfach der Nennwert der Münzen erhöht, um durch eine Scheinzahlung einen unvermeidbaren Staatsbankrott zu verschleiern. [...] Eine solche vorgetäuschte Rückzahlung vergrößert durchweg [das Unglück der Gläubiger], statt es zu mildern, sodass der Verlust auf viele Unschuldige verteilt wird. [...] Sieht sich ein Staat gezwungen, seine Zahlungsunfähigkeit einzugestehen, so ist wie im privaten Geschäftsleben ein ehrlich eingestandener Bankrott für den Schuldner oft weniger entehrend und schadet dem Gläubiger selbst am wenigsten. Zweifellos schadet ein Staat seinem Ansehen sehr, indem er, um der Schande eines echten Bankrotts zu entgehen, auf Taschenspielertricks zurückgreift, die leicht zu durchschauen sind und trotzdem verheerende Folgen haben.«*

Smith zeigt, wie sich »von der Antike bis zur Gegenwart« nahezu alle Staaten solcher Tricks bedient haben. Man könnte hinzufügen, dass der Taschenspielertrick seit der Ersetzung des Metallgelds durch Papier noch sehr viel leichter auszuführen ist und daher häufiger angewandt wird. Und man könnte ergänzen, dass die heutige Schuldnerklasse einschließlich der meisten Unternehmensaktionäre wahrscheinlich ebenso reich ist wie die Gläubigerklasse, die aus den Inhabern von Sparguthaben und Schuldverschreibungen besteht.

STAATSSCHULDEN
(in Mrd. der jeweiligen Währung)

	1948	1957	1957
	Nominell	Nominell	Gemessen an der Kaufkraft von 1948
Vereinigte Staaten ($)	252	276	234
Kanada ($)	15	14	10
Argentinien (Peso)	18	95	26
Belgien (Franc)	245	328	279
Brasilien (Cruzeiro)	23	67	20
Frankreich (Franc)	3412	6506	3123
Italien (Lira)	2315	4805	3604
Niederlande (Gulden)	26	18	12
Spanien (Peseta)	53	90	59
Schweden (Krone)	11	14	10
Schweiz (Franken)	11	8	7
Großbritannien (Pfund)	25	27	18

Kapitel 32
Die Kosten-Preis-Klemme

Im Lauf der gegenwärtigen Inflation (sagen wir zwischen 1940 und 1964) sind heftige Debatten darüber ausgebrochen, wer oder was sie verursacht hat. »Arbeiterschaft« und »Management« geben sich gegenseitig die Schuld.

Die Attacken auf das Management gehen häufig von Walter Reuther aus, dem Chef der Gewerkschaft der Automobilindustrie. Im Jahr 1957 behauptete Reuther, die Inflation werde nicht durch den Lohnanstieg, sondern durch »exorbitante« Gewinne der Unternehmen angetrieben. Otis Brubaker, der Forschungsleiter der Stahlarbeitergewerkschaft, erklärte zur selben Zeit:

> *»Die Lohnerhöhungen haben in den letzten zwanzig Jahren keinen einzigen Preisanstieg verursacht.«*

Die Antwort auf diese Vorwürfe ließ nicht lange auf sich warten. Die First National City Bank of New York erklärte im Oktober 1957:

> *»Gleichgültig, welches Jahr [ab 1939] als Basis herangezogen wird, zeigt sich, dass die Löhne und Arbeitskosten in der Stahlindustrie die Produktivitätszuwächse deutlich überstiegen haben. Beginnt man im Jahr 1940 mit der Messung, so fiel der Produktivitätszuwachs, obwohl beträchtlich, mit 56 Prozent deutlich geringer aus als der Anstieg der Stundenlöhne und der gesamten Arbeitskosten, die sich um mehr als 200 Prozent erhöhten. Das Ergebnis war eine Verdopplung der Lohnstückkosten, und dieser Anstieg beschleunigte zwangsläufig den Preisauftrieb.«*

Im September desselben Jahres veröffentlichte die National Association of Manufacturers (NAM) eine sehr viel umfassendere Studie zum selben Problem. Wie sich herausstellte, war die Geschichte der Industrieproduktion seit dem Ende des Zweiten Weltkriegs eine Geschichte steigender Produktionsstückkosten – insbesondere steigender Arbeitskosten und Steuern. Die Arbeitslöhne stiegen zwischen 1948 und 1956 um 23 Prozent pro Produktionseinheit. Gleichzeitig erhöhten sich die Unternehmenssteuern um 32 Prozent. Aber die Preise von Fertigwaren stiegen lediglich um 10 Prozent. Das Ergebnis war eine Verringerung des Gewinns pro Produktionseinheit um 25 Prozent zwischen 1948 und 1956.

Besonders auffällig war der Rückgang der Gewinnmargen im produzierenden Gewerbe im Verhältnis zu den Umsätzen. Gemessen am Umsatz verringerten sich die Margen von zwischen 1948 und 1956 von 4,9 Prozent auf 3,1 Prozent. (Zum Vergleich: Im Jahr 1929 lag der Wert bei 6,4 Prozent, im Jahr 1937 bei 4,7 Prozent und im Jahr 1940 bei 5,5 Prozent.) Die Autoren der Studie des Industrieverbands gelangten zu folgendem Ergebnis: »Zwischen 1948 und 1956 sind die Gewinnmargen gemessen am Umsatz von einem für Wachstumsjahre charakteristischen Niveau auf ein für Rezessionsjahre typisches Niveau gesunken.« Höhere Kosten können nicht automatisch durch höhere Marktpreise hereingeholt werden.

Die statistischen Vergleiche der National City Bank und des Industrieverbands bewiesen zumindest, dass die Inflation nicht das Resultat der »Gier« maßloser Produzenten war, die es auf exorbitante Profite abgesehen hatten, wie Reuther behauptet hatte. Hingegen bewiesen diese Ergebnisse nicht, dass »der gegenwärtige Inflationsdruck auf die steigenden Arbeitskosten und die hohe Steuerlast zurückzuführen« war, wie die Autoren der NAM-Studie meinten.

Es ist richtig, dass der Lohnanstieg höher ausfiel als der »Produktivitätszuwachs«. Aber in den beiden Studien wurden die Löhne, also *Geld*, mit der Produktion von *Dingen* verglichen. In jeder Inflation, gleichgültig welches ihre Ursachen sind, steigen die Löhne mit an Sicherheit grenzender Wahrscheinlichkeit schneller als die materielle Produktivität. Der Grund dafür ist einfach, dass in jeder Inflation sowohl die Löhne als auch die Preise steigen. Daraus folgt jedoch nicht zwangsläufig, dass der Preisanstieg durch den Lohnanstieg *verursacht* wurde. Beide können aus ein und demselben Grund gestiegen sein.

Dieser gemeinsame Grund ist nicht schwer zu finden. Weder der Lohnanstieg noch der Preisanstieg ab dem Jahr 1939 oder 1948 wäre möglich gewesen, wäre er nicht durch eine wachsende Geldmenge gefüttert worden. Die Geld- und Kreditmenge (Bankeinlagen plus Geldumlauf) stieg zwischen 1939 und 1948 von 64,7 Milliarden auf 127,7 Milliarden Dollar, um sich in weiterer Folge auf 226,4 Milliarden Dollar im Jahr 1956 zu erhöhen und bis 1963 auf 313,8 Milliarden Dollar aufzublähen. Mit anderen Worten: Ohne das Zutun und die Duldung der geldpolitischen Verantwortlichen hätte es in den letzten zehn oder zwanzig Jahren keine Inflation gegeben.

Das bedeutet natürlich nicht, dass der Druck der Gewerkschaften nicht zu diesem Ergebnis beigetragen hat. Mit dem gegenwärtigen Arbeitsrecht hat die Regierung die Entstehung von industrieweiten Gewerkschaften, die mächtig genug sind, um stetige Lohnerhöhungen zu erzwingen, nicht nur unterstützt, sondern geradezu erzwungen. Wird die exzessive Macht der Gewerkschaften nicht verringert, so wird dies entweder zu Arbeitslosigkeit führen, indem es bewirkt, dass die Kosten die Preise übersteigen, oder politischen Druck erzeugen, damit die Inflation noch weiter erhöht wird.

Kapitel 33
Der Employment Act von 1946

Solange ein Land den Goldstandard verwendete, war klar, welches das vorrangige Ziel der Geldpolitik seiner Regierung war: Sie wollte die Integrität der Landeswährung erhalten, indem sie die Konvertibilität des Papiergelds in Gold zu jedem Zeitpunkt garantierte. Mit einem Papiergeldstandard und einer keynesianischen Ideologie geraten die Ziele durcheinander. Im amerikanischen Employment Act (Beschäftigungsgesetz) von 1946 ist die Verantwortung der Bundesregierung festgehalten, »alle praktikablen Mittel einzusetzen, [...] um ein Höchstmaß an Beschäftigung, Produktion und Kaufkraft zu gewährleisten«. Viele deuten dies als Anweisung zur Inflation. Federal-Reserve-Chef William Martin hat vorgeschlagen, der Kongress solle »entschlossen – damit die ganze Welt Klarheit hat – erklären, dass die Stabilisierung der Lebenshaltungskosten ein vorrangiges Ziel der Wirtschaftspolitik der Regierung ist«.

Eine sehr viel bessere Lösung bestünde darin, das Beschäftigungsgesetz von 1946 einfach außer Kraft zu setzen. Aber wenn schon an diesem schädlichen Gesetz festgehalten wird, dann sollte es zumindest um eine Verpflichtung zur Wahrung der Preisstabilität ergänzt werden, um ein Gegengewicht zu den Bestimmungen zu schaffen, die eine inflationäre Politik begünstigen.

Es ist nicht an sich wünschenswert, die Preisstabilität zu einem Ziel der staatlichen Politik zu machen, bedingt sie doch eine zusätzliche Verstärkung der staatlichen Kontrolle über die Gesellschaft. Aber derart unangenehme Probleme entstehen nun einmal, wenn man den Goldstandard aufgibt.

Kapitel 34
Was tun? Die Geldmenge aufblasen oder das wirtschaftliche Gleichgewicht wiederherstellen?

Nicht nur in moderaten, sondern auch in heftigen Inflationen kommt es vor, dass die Geldentwertung plötzlich zum Stillstand kommt oder verzögert wird. Wann immer das geschieht, verkünden die Befürworter der Inflationspolitik, die Inflation sei beendet und wir müssten mit einer Rezession oder Deflation rechnen, wenn wir nicht augenblicklich »Stabilisierungsmaßnahmen« ergreifen. Eine solche Inflationspause trat Ende 1957 ein und zog sich bis in die ersten Monate des folgenden Jahres. Großhandels- und Verbraucherpreise stiegen weiter, aber Zinsen, Industrieproduktion und Beschäftigung schrumpften. Und schon trafen die Vorschläge für Abhilfemaßnahmen ein.

Wer die Weltwirtschaftskrise erlebt hatte, dem mussten diese Vorhaben bekannt vorkommen. Beispielsweise hatte die Chase National Bank of New York am 12. Juni 1931 eine Streitschrift ihres Chefvolkswirts Benjamin M. Anderson veröffentlicht, die den Titel »Gleichgewicht schafft Kaufkraft« trug. Anderson verglich zwei gegensätzliche Denkschulen miteinander. Jene, der er angehörte, sah die Ursache für den Einbruch in einer »Störung des wirtschaftlichen Gleichgewichts«. Die andere sah die Wurzel des Übels in einer »unzureichenden Kaufkraft«.

Die Kaufkraftschule sprach sich für die Inflation aus. Sie forderte eine »Politik des billigen Geldes«, eine Stützung der landwirtschaftlichen Erzeugerpreise und hohe »öffentliche Investitionen«. Ihre Anhänger erklärten, Lohnsenkungen dürften unter keinen Umständen zugelassen werden. »Die Kaufkraftschule ist generell der Ansicht, dass die Produktion der Kaufkraft davonläuft.« Anderson war anderer Meinung: Er schlug vor, das wirtschaftliche Gleichgewicht zwischen freien und flexiblen Preisen und Löhnen wiederherzustellen. Er forderte, für ein angemessenes Verhältnis zwischen den verschiedenen Arten von Produktion, zwischen den Preisen und insbesondere zwischen Preisen und Produktionskosten einschließlich der Löhne zu sorgen, damit die Unternehmen wieder Gewinne erzielen konnten, sodass die Aussicht auf Gewinne die wirtschaftliche Aktivität wieder anregen würde.

> *»Werden Güter in angemessenem Verhältnis erzeugt, dann entsteht ein Gleichgewicht auf den Märkten. [...] Die Produktion an sich erhöht die Einkommen, und diese treiben den Konsum an. Produktion und Konsum wachsen gemeinsam. Die 120 Millionen Einwohner der Vereinigten Staaten konsumieren sehr viel mehr als die 400 Millionen Einwohner Chinas; der Grund dafür ist, dass die Amerikaner sehr viel mehr produzieren. [...] Es geht lediglich darum, das richtige Verhältnis zwischen den verschiedenen Arten von Produktion herzustellen. Das kapitalistische System bewerkstelligt das durch die Bewegung von Preisen und Kosten. Arbeit und Kapital ziehen sich aus Produktionsbereichen zurück, in denen die Erträge sinken, und bewegen sich dorthin, wo die Erträge höher sind. Voraussetzung für das gute Funktionieren dieses Systems sind flexible, im Wettbewerb entstandene Preise, die Aufschluss über die realen Bedingungen von Angebot und Nachfrage geben.«*

Anderson erklärte, warum die Kaufkrafttheorie nicht funktionierte. »Wir haben mittlerweile seit über einem Jahr extrem billiges Geld.« Die mangelnde Flexibilität der Industrielöhne in einer Situation, in der die Preise sanken, führte zu wachsender Arbeitslosigkeit. Die »realen« Löhne in der Industrie waren zwischen Juni 1929 und März 1931 um 11 Prozent gestiegen und hatten indirekt dazu beigetragen, die »realen« Löhne in der Landwirtschaft um 17 Prozent zu verringern.

Aber wie wir wissen, setzte sich die Kaufkraftschule – die inflationistische Schule – durch. Die Ergebnisse waren billiges Geld, unflexible oder steigende Löhne und hohe Staatsdefizite in den folgenden zehn Jahren. Das führte zu einer Massenarbeitslosigkeit, aus der uns erst der Zweite Weltkrieg herausholte.

Die wesentliche ideologische Veränderung ist, dass es mittlerweile keine zwei Denkschulen mehr gibt. In Washington scheint man sich darin einig zu sein, wirkliche Schwächephasen problemlos durch mehr Inflation überwinden zu können. Wir müssen nur eine ausreichend hohe Dosis schlucken – höhere Staatsausgaben, eine Steuersenkung oder irgendetwas anderes, das ein gewaltiges Haushaltsdefizit verursacht. Die neue Bibel ist die *Allgemeine Theorie des Geldes*, in der Keynes die Gültigkeit des Say'schen Theorems bestreitet und jegliche Notwendigkeit spezifischer Lohn- und Preiskorrekturen außer Acht lässt. Anfang 1958 waren sich die republikanische Regierung und die demokratischen Inflationisten lediglich über die Wahl des geeigneten Zeitpunkts für eine erneute Erhöhung der Geldmenge uneins. Die Regierung hoffte (mit Recht, wie sich herausstellte), dass sich die Lage in den folgenden Monaten von allein normalisieren werde. Sollte das nicht geschehen, so versprach sie »positive staatliche Eingriffe« – dies ist der heutige Euphemismus für mehr Inflation.

In der Zwischenzeit schenkte keine der beiden Großparteien der Tatsache Beachtung, dass die Arbeitslosigkeit aufgrund der steigenden Löhne gestiegen und die Beschäftigtenzahl verringert worden war. Keine der beiden Parteien stellt die Frage, ob eine massive Inflation genügen wird, die Beschäftigung wiederherzustellen, solange mächtige Gewerkschaften eine automatische Lohnanpassung durchsetzen können, die dazu führt, dass die Löhne rascher steigen als die Lebenshaltungskosten, was eine Erholung der Gewinnmargen und einen Preisrückgang verhindert. Die einzige Abhilfe, die vorgeschlagen wird, ist ein höheres und über einen längeren Zeitraum gewährtes Arbeitslosengeld, das den Gewerkschaften dabei hilft, die Aufwärtsspirale der Löhne fortzusetzen.

Kapitel 35
Defizit oder Arbeitsplätze

Im vorigen Kapitel habe ich darauf hingewiesen, dass die Vereinigten Staaten zwischen 1930 und 1940 mit billigem Geld, unbeweglichen oder steigenden Löhnen und hohen Staatsdefiziten lebten. Die Folge war, dass das Land in diesen zehn Jahren auch unter Massenarbeitslosigkeit litt. Erst der Zweite Weltkrieg holte die amerikanische Wirtschaft aus der Zwickmühle.

Da wir auch heute in jeder Stagnationsphase oder Rezession aufgefordert werden, genau dieselben Abhilfemaßnahmen zu ergreifen, die schon in den dreißiger Jahren scheiterten, dürfte es sich lohnen, einen genaueren Blick auf die Entwicklungen in jener Zeit zu werfen. In der folgenden Tabelle finden wir Haushaltsdefizit, Arbeitslosenzahl und Arbeitslosigkeit gemessen an der Gesamtzahl der Erwerbspersonen in den einzelnen Jahren dieses Jahrzehnts.

	Defizit (Mrd. USD)	Arbeitslose (Mio.)	Arbeitslosenrate (%)
1931	0,5	8,0	15,9
1932	2,7	12,1	23,6
1933	2,6	12,8	24,9
1934	3,6	11,3	21,7
1935	2,8	10,6	20,1
1936	4,4	9,0	16,9
1937	2,8	7,7	14,3
1938	1,2	10,4	19,0
1939	3,9	9,5	17,2
1940	3,9	8,1	14,6

Die Defizitzahlen beziehen sich auf die jeweiligen amerikanischen Haushaltsjahre, die am 30. Juni enden, während sich die Zahlen zur Arbeitslosigkeit jeweils auf das Kalenderjahr beziehen. Die Befürworter höherer Staatsausgaben werden zweifellos versuchen, eine negative Korrelation zwischen der Höhe des Defizits und der Arbeitslosenzahl zu finden. Aber die bedeutsamste und ausschlaggebende Tatsache, ist, dass hohe Staatsdefizite mit Massenarbeitslosigkeit einhergingen. Wenn wir die Zahlen auf das Jahr 1959 übertragen, stellen wir Folgendes fest: Das durchschnittliche Haushaltsdefizit in diesen zehn Jahren betrug 2,8 Milliarden Dollar, was 3,6 Prozent des Bruttosozialprodukts in dieser Zeit entspricht. Umgerechnet auf das Bruttosozialprodukt des Jahres 1959 würde dies einem Defizit von 17,3 Milliarden Dollar entsprechen. In den zehn Jahren zwischen 1930 und 1940 waren durchschnittlich 9,9 Millionen Erwerbspersonen arbeitslos, was einer Arbeitslosenrate von 18,6 Prozent entspricht. Legt man diesen Prozentsatz auf das Jahr 1959 um, so käme man auf eine Arbeitslosenzahl von 13,4 Millionen Menschen. So viel zum Nutzen von Haushaltsdefiziten im Kampf gegen die Arbeitslosigkeit.

Am Ende dieses Kapitels habe ich die Aufstellung auf die Jahre 1941 bis 1963 ausgeweitet. Es fällt auf, dass es im Jahr 1944 gelang, die Arbeitslosigkeit auf einen Tiefpunkt von 1,2 Prozent zu senken. Wenn wir diesen Erfolg den auf Pump finanzierten Staatsausgaben zuschreiben wollen, müssen wir festhalten, dass ein Haushaltsdefizit von 51,4 Milliarden Dollar nötig war, um das Ziel zu erreichen. Umgelegt auf den Anstieg des Bruttosozialprodukts würde dies heute einem Defizit von mehr als 145 Milliarden Dollar entsprechen! (Allerdings waren die Defizite sowohl 1943 als auch 1945 noch höher als 1944, und trotzdem war in diesen Jahren auch die Arbeitslosigkeit höher.)

Eine weitere auffällige Tatsache ist, dass in den zehn Jahren von 1948 bis einschließlich 1957 die durchschnittliche Arbeitslosenrate bei 4,3 Prozent der gesamten Erwerbsbevölkerung lag. Aber dies war eine Zeit ungewöhnlich hoher Beschäftigung und sogar eines »Arbeitskräftemangels«. Aber wenn in einer »normalen Situation« vier von hundert Erwerbspersonen arbeitslos sind, kann lediglich die darüber hinausgehende Arbeitslosigkeit als »unnormal« betrachtet werden. Eine solche Arbeitslosigkeit ist ein gravierendes Problem, insbesondere für die Betroffenen. Aber sie ist kaum eine Rechtfertigung für hemmungslose Staatsausgaben oder für eine weitere Verwässerung des Dollarwerts. In Zeiten einer unnormal hohen Arbeitslosigkeit hätte es größeren Nutzen, die Relationen zwischen Löhnen, Preisen und Verbrauchernachfrage ins Visier zu nehmen.

DIE ERGEBNISSE

	Beschäftigte (Mio.)	Arbeitslose (Mio.)	Arbeitslosenrate (%)
1941	50,4	5,6	9,9
1942	53,8	2,7	4,7
1943	54,5	1,1	1,9
1944	54,0	0,7	1,2
1945	52,8	1,0	1,9
1946	55,3	2,3	3,9
1947	57,8	2,4	3,9
1948	59,1	2,3	3,8
1949	58,4	3,7	5,9
1950	59,7	3,4	5,3
1951	60,8	2,1	3,3
1952	61,0	1,9	3,1
1953	61,9	1,9	2,9
1954	60,9	3,6	5,6
1955	62,9	2,9	4,4
1956	64,7	2,8	4,2
1957	65,0	2,9	4,3
1958	64,0	4,7	6,8

	Beschäftigte (Mio.)	Arbeitslose (Mio.)	Arbeitslosenrate (%)
1959	65,6	3,8	5,5
1960	66,7	3,9	5,6
1961	66,8	4,8	6,7
1962	68,0	4,0	5,6
1963	68,8	4,1	5,7

Kapitel 36
Warum das billige Geld nicht zum Ziel führt

Keynes predigte den Einsatz von zwei Wundermitteln gegen die Arbeitslosigkeit. Das eine war die Defizitfinanzierung. Das andere war die künstliche Verbilligung des Geldes durch die Zentralbanken. Fast alle Regierungen haben sich bereitwillig beider Rezepte bedient. Die Resultate sind weltweite Inflation und eine stetig schrumpfende Kaufkraft der Währungseinheiten, während erhebliche Zweifel angebracht sind, ob sie uns im Kampf gegen die Arbeitslosigkeit weitergebracht haben. Im vorangegangenen Kapitel haben wir uns die wenig erfreulichen Resultate der Defizitfinanzierung angesehen. Nun wollen wir untersuchen, ob das billige Geld bessere Ergebnisse gezeitigt hat.

Folgend finden Sie eine Tabelle, in der für die zwölf Jahre 1929 bis 1940 der durchschnittliche jährliche Zinssatz erstklassiger Geldmarktpapiere mit einer Laufzeit von vier bis sechs Monaten der jeweiligen Arbeitslosenrate gegenübergestellt wird. Es handelt sich durchweg um amtliche Zahlen.

Insgesamt lässt sich feststellen, dass die Niedrigzinspolitik in diesem Zwölfjahreszeitraum die Arbeitslosigkeit *nicht* beseitigte, im Gegenteil: In den Jahren, in denen die Zinsen sanken, *stieg* die Arbeitslosigkeit sogar. Sogar in den sieben Jahren zwischen 1934 und 1940, als die Politik des billigen Geldes so weit getrieben wurde, dass der durchschnittliche Zinssatz unter 1 Prozent sank (nämlich auf 0,77 Prozent), waren im Durchschnitt siebzehn von hundert Erwerbspersonen arbeitslos.

Jahr	Zinsen auf Geldmarktpapiere (%)	Arbeitslosenrate (%)
1929	5,85	3,2
1930	3,59	8,7
1931	2,46	15,9
1932	2,73	23,6
1933	1,73	24,9
1934	1,02	21,7
1935	0,75	20,1
1936	0,70	16,9
1937	0,94	14,3
1938	0,81	19,0
1939	0,59	17,2
1940	0,56	14,6

Wir wollen die Kriegsjahre überspringen, denn in dieser Zeit führten die besonderen Erfordernisse des Kriegs zusammen mit hohen Haushaltsdefiziten und einer massiven Inflation zu einem Arbeitskräftemangel. Setzen wir die Analyse für die elf Jahre ab 1949 fort.

Wie man sieht, war die Arbeitslosenrate nicht höher, sondern mit durchschnittlich 4,4 Prozent sehr viel niedriger als in den Jahren 1934 bis 1940, als sie bei durchschnittlich 17,7 Prozent gelegen hatte – und das, obwohl die Zinsen für Geldmarktpapiere in diesem Zeitraum mit durchschnittlich 2,48 Prozent mehr als dreimal so hoch waren wie in den sieben Jahren zwischen 1934 und 1940.

Jahr	Zinsen auf Geldmarktpapiere (%)	Arbeitslosenrate (%)
1949	1,49	5,5
1950	1,45	5,0
1951	2,16	3,0
1952	2,33	2,7
1953	2,52	2,5
1954	1,58	5,0
1955	2,18	4,0
1956	3,31	3,8
1957	3,81	4,3*
1958	2,46	6,8
1959	3,97	5,5

** Die Arbeitslosenraten für die Jahre vor 1957 beruhen auf der »alten Definition« der Arbeitslosigkeit durch das Handelsministerium; ab dem Jahr 1957 beruhen sie auf der »neuen Definition«, die zu einer etwas höheren Arbeitslosigkeit führt – beispielsweise läge die Rate für das Jahr 1956 nach dieser Definition nicht bei 3,8, sondern bei 4,2 Prozent.*

In diesem zweiten Zeitraum sieht die Beziehung zwischen Arbeitslosigkeit und Zinsen vollkommen anders aus als in der keynesianischen Theorie. In den Jahren 1949, 1950 und 1954, als die Zinsen auf Geldmarktpapiere durchschnittlich bei 1,5 Prozent lagen, betrug die Arbeitslosenrate im Durchschnitt 5 Prozent und mehr. In den Jahren 1956, 1957 und 1959, als die Zinsen auf Geldmarktpapiere mit durchschnittlich 3,70 Prozent ihren höchsten Wert in diesem Zeitraum erreichten, waren im Durchschnitt nur 4,4 Prozent der Erwerbspersonen arbeitslos.

Kurz gesagt genügen weder durch Schulden finanzierte Staatsausgaben noch eine Politik des billigen Geldes an und für sich, um eine langjährige Massenarbeitslosigkeit zu überwinden, geschweige denn, um Arbeitslosigkeit von vornherein zu verhindern.

Das einzige wirksame Heilmittel für die Arbeitslosigkeit ist genau jenes, das die Keynesianer und Inflationsbefürworter ablehnen:

die Anpassung der Löhne an die Grenzproduktivität der Arbeit oder an das »Gleichgewichtsniveau«, das heißt eine Koordinierung von Löhnen und Preisen. Wenn ein Gleichgewicht zwischen Löhnen und Preisen besteht, herrscht unabhängig davon, ob die Zinsen »hoch« oder »niedrig« sind, tendenziell Vollbeschäftigung. Aber gleich wie weit die Zinsen nach unten gedrückt werden, wird es Arbeitslosigkeit geben, wenn die Löhne zu hoch sind, um Gewinnmargen zu ermöglichen, die genügen, um die wirtschaftliche Aktivität auszuweiten.

Kapitel 37
Wie die Kreditmenge unter Kontrolle gehalten werden kann

Im Jahr 1958 zeigte die Federal Reserve innerhalb von zehn Tagen zunächst, welches der falsche, und anschließend, welches der richtige Weg zur Beherrschung der Inflation ist. Am 4. August hob die Zentralbank die für den Kauf von Aktien erforderliche Mindestsicherheitsleistung von 50 auf 70 Prozent an. (Am 16. Oktober hob sie diese Margin-Anforderung ein weiteres Mal an und legte sie mit 90 Prozent des Kaufpreises fest.) Am 14. August erhielt die Federal Reserve Bank von San Francisco die Erlaubnis, ihren Diskontsatz von 1,75 auf 2 Prozent anzuheben. Die erste Methode wird als »selektive« Kontrolle der Kreditmenge bezeichnet. Die zweite wird als »generelle« Kontrolle der Kreditmenge bezeichnet. Nur die zweite Methode ist gerecht und wirksam.

Die Ziele einer selektiven Kontrolle der Kreditmenge werden stets nach politischen Kriterien ausgewählt. Der Aktienmarkt ist das vorrangige Ziel, weil jene, die seine Funktion in der Volkswirtschaft nicht verstehen, die Börse mit einem Kasino gleichsetzen. Wie G. Keith Funston, der Präsident der New Yorker Börse, in einer Rede im Oktober 1957 erklärte:

> *»Manchmal frage ich mich, wie es um unseren Sinn für Verhältnismäßigkeit bestellt ist. Man kann sich bis zu 75 Prozent des Geldes borgen, das man braucht, um ein Auto zu kaufen, man kann sich 100 Prozent des Kaufpreises einer Waschmaschine borgen, und wenn man ein Haus kaufen will, kann man sich 94 Prozent des benötigten Geldes leihen. Aber man kann sich nur 30 Prozent des Geldes für den Kauf von Anteilen an dem Unternehmen borgen, welches das Auto, die Waschmaschine oder das Haus baut. Sich Geld zu borgen, um es auszugeben,*

ist mittlerweile sehr viel leichter, als sich Geld zu borgen, um zu sparen.«

Abgesehen davon, dass sie diskriminierend sind, sind diese strikten Regeln für die Sicherheitsleistung bei Aktienkäufen auch auf lange Sicht nutzlos. Wir können nicht eine *allgemeine* Inflationsflut auslösen und hoffen, ihre Auswirkungen in eine Richtung abzulenken. Wie das Wasser strebt auch der Kredit nach einem Ausgleich des Pegelstands und dringt durch jede Spalte. Wenn jemand entschlossen ist, Aktien zu kaufen, jedoch nicht in der Lage ist, die erforderlichen Sicherheiten zu leisten, kann er eine Hypothek auf sein Haus oder andere Vermögenswerte aufnehmen und die Einnahmen an der Börse investieren.

Eine Anhebung der Margin-Anforderungen für den Aktienkauf hat selten die beabsichtigte Wirkung. Natürlich kann keine Statistik zeigen, was mit den Aktienkrediten oder -kursen geschehen *wäre*, wenn die Margin-Anforderungen *nicht* geändert worden wären. Aber die meisten Erhöhungen der Sicherheitsleistung haben sich kaum auf die Aktienkredite ausgewirkt.

Es ist auch nicht leicht, die Anhebung der Margin-Anforderung im Jahr 1958 mit diesem Argument zu rechtfertigen. Wie Funston feststellte, beliefen sich die Nettoschulden der Kunden am 30. Juni 1958 (als die Margin-Anforderung bei 50 Prozent lag) auf insgesamt 3,1 Milliarden Dollar, was nur 1,4 Prozent des Marktwerts aller an der New Yorker Börse notierten Aktien entsprach – dies war fast genau dasselbe Verhältnis wie einen Monat oder ein Jahr früher.

Eine Anhebung der Margin-Anforderung bremste in einigen Fällen den Anstieg der Aktienkurse zeitweilig, jedoch dauerte ein solcher Stillstand nie länger als einen oder zwei Monate. Tatsächlich stiegen die durchschnittlichen Aktienkurse nach sämtlichen Anhebungen der Margin-Anforderung zwischen Februar 1945 und April 1955 innerhalb von sechs Monaten um mindestens 12 Prozent. Als die erforderliche Mindestsicherheitsleistung im Oktober 1958 auf 90 Prozent erhöht wurde, stand der S&P-Index bei 54,55; bis Juli des folgenden Jahres stieg er auf 59,74.

Genau das war zu erwarten. Der Preis, den die Anleger für Aktien bezahlen, hängt in erster Linie vom erwarteten Ertrag dieser Papiere und von der Höhe dieses Ertrags im Verhältnis zu den Zinsen ab.

Aber dass die Anhebung der Margin-Anforderung nicht die *beabsichtigte* Wirkung gezeitigt hat, bedeutet nicht, dass sie keinen Schaden verursacht hat. Ein genauer Vergleich zeigt, dass ihre wichtigste Wirkung darin besteht, das *Handelsvolumen zu verringern,* und zwar manchmal um nicht weniger als 25 Prozent. Das bedeutet nicht einfach, dass die Broker Provisionen verlieren. Es beeinträchtigt die Liquidität des Markts und verringert die Bereitschaft und Fähigkeit der Unternehmen, sich durch Aktienemissionen neues Kapital zu beschaffen.

Kapitel 38
Wer macht die Inflation?

Im vergangenen Vierteljahrhundert hat die amerikanische Regierung eine eigentümlich schizophrene Haltung in Bezug auf die Frage an den Tag gelegt, ob sie ausgeben oder sparen, ob sie das Geld entwerten oder seinen Wert erhalten soll.

Das zeigt sich immer wieder im jährlichen Wirtschaftsbericht des Präsidenten. Ein gutes Beispiel ist der Wirtschaftsbericht, den Präsident Eisenhower am 20. Januar 1959 an den Kongress übermittelte. Darin hieß es:

> *»Eine unverzichtbare Bedingung für ein kräftiges und anhaltendes Wirtschaftswachstum ist ein unerschütterliches Vertrauen in die Stabilität des Dollarwerts in den kommenden Jahren.«*

Aber in demselben Bericht wurden zahlreiche politische Maßnahmen befürwortet, die dieses Vertrauen untergruben.

In der Beschreibung der Maßnahmen, mit denen die Regierung »eine rasche und solide Erholung« fördern wollte, erklärte das Weiße Haus:

> *»In der Geld- und Kreditpolitik wurden entschlossene Maßnahmen ergriffen, um eine ausreichende Kreditversorgung zu gewährleisten. Es wurden Rechtsvorschriften erlassen, um die Dauer des Anspruchs auf Arbeitslosenunterstützung vorübergehend zu verlängern. Es wurden zahlreiche Maßnahmen ergriffen, um laufende staatliche Infrastrukturprojekte und mit finanzieller Unterstützung der Bundesregierung durchgeführte Vorhaben zu beschleunigen. Im Rahmen mehrerer Kreditprogramme zusätzlich zu denen für den Wohnungsbau wurden Maßnahmen ergriffen, die dabei halfen, die Rezession zu bekämpfen. Und*

die Erhöhung der Verteidigungsausgaben [...] kurbelte das Wirtschaftswachstum an.«

Alle diese Maßnahmen trugen zur Inflation bei. Mit allen wurden neues Geld und neue Kredite in das Wirtschaftssystem gepumpt, das Angebot an Dollar erhöht und die Kaufkraft jedes einzelnen Dollar verringert. An anderer Stelle in dem Bericht gab die Regierung zu, dass die Politik der Federal Reserve die Geschäftsbanken im Jahr 1958 in die Lage versetzt hatte, »ihre Assets um fast 10 Milliarden Dollar an Krediten und Investitionen zu erhöhen, im Wesentlichen durch eine Aufstockung ihres Bestands an amerikanischen Staatsanleihen«. Dadurch wiederum wurde die gesamte Geldmenge (einschließlich der aufgeblähten Termingelder) um 13,6 Milliarden Dollar erhöht, was zur Erhöhung der Lebenshaltungskosten beitrug.

Doch im Bericht des Präsidenten wurde versucht, die Verantwortung für die Inflation auf die Konsumenten, Unternehmen und Beschäftigten zu schieben. Dem »individuellen Konsumenten« wurde geraten, »umsichtig einzukaufen und auf Preis und Qualität zu achten« – so als könne man sich nicht darauf verlassen, dass er das unaufgefordert tun würde. Tatsächlich sagte die Regierung zu den Konsumenten: »Hier habt ihr zusätzliche 10 Milliarden Dollar an Papiergeld – aber gebt es vorsichtig aus, denn wenn die Preise steigen, seid *ihr* dafür verantwortlich.« Den Unternehmern wurde ins Gewissen geredet, sie müssten »einen beharrlichen Krieg gegen die Kosten« führen – so als würden sie das nicht ohnehin in ihrem eigenen Interesse und zum Selbsterhalt tun. Hingegen wurde kein Wort über das Arbeitsrecht (einschließlich der verpflichtenden »Tarifverhandlungen«) verloren, das den Arbeitgebern praktisch keine Möglichkeit gab, sich überzogenen Lohnforderungen zu widersetzen. Und nachdem den »Gewerkschaftsführern« per Gesetz ein Monopol auf die Lohnverhandlungen zugestanden worden war, wurden sie jetzt aufgefordert, nicht so viel herauszuschlagen, wie unter diesen Umständen möglich. Hätten sie dieser Aufforderung zur Mäßigung Folge geleistet, so hätten sie ihre Posten in der Gewerkschaftsführung rasch verloren.

Der Präsident erklärte:

> *»Wenn wir die erwünschten Resultate nicht mit unseren Eingriffen zur Festlegung von Löhnen und Preisen erreichen können, sind die Alternativen entweder eine Inflation, die unserer Wirtschaft schaden und Millionen Amerikanern das Leben erschweren würde, oder Kontrollen, die mit unserer traditionellen Lebensart unvereinbar sind und das wirtschaftliche Wachstum und den Fortschritt unseres Landes behindern würden.«*

Anscheinend wollte der Präsident sagen, die Konsumenten, Unternehmer und Gewerkschafter seien diejenigen, die durch einen Mangel an »Selbstdisziplin und Zurückhaltung« eine Inflation heraufzubeschwören drohten und den Staat möglicherweise zu Kontrollmaßnahmen »zwingen« würden.

In Wahrheit war und ist immer die Regierung der Schuldige. Die Regierung muss aufhören, die Staatsausgaben auf Pump zu finanzieren und damit Defizite anzuhäufen. Sie muss aufhören, die Wirtschaft mit Papiergeld zu überfluten, und sie muss aufhören, die Entstehung von Monopolen in der Arbeitswelt zu erleichtern, während sie die »freie Marktwirtschaft« für den Anstieg von Löhnen und Preisen verantwortlich macht.

Die vielleicht wichtigste Empfehlung im Wirtschaftsbericht des Präsidenten von 1959 lautete, der Kongress solle »den Employment Act von 1946 ändern, um die Preisstabilität zu einem ausdrücklichen Ziel der Wirtschaftspolitik zu machen und mit den bereits im Gesetz festgehaltenen Zielen einer möglichst hohen Produktion, Beschäftigung und Kaufkraft in Einklang zu bringen«. Wenn der schädliche Employment Act von 1946 in Kraft bleibt, dürfte ihn eine solche Änderung zumindest weniger schädlich machen, denn das Gesetz wurde durchweg als Anweisung zur Erhöhung der Geldmenge interpretiert. Aber eine sehr viel bessere Lösung bestünde darin, dieses Gesetz vollkommen außer Kraft zu setzen.

Kapitel 39
Die Inflation als Politik

In seiner klassischen kleinen Geschichte der Fiatgeldinflation während der Französischen Revolution schildert Andrew D. White, wie die Forderungen nach einer weiteren Erhöhung der Geldmenge umso lauter wurden, je klarer die schädlichen Auswirkungen der Inflation zutage traten. Gegenwärtig steigt die Inflation, und ihre Apologeten behaupten, möglicherweise sei sie durchaus zu begrüßen – oder wenn sie ein Übel sei, so zumindest ein notwendiges Übel.

Der wichtigste Sprecher dieser Gruppe war bis vor kurzem Sumner H. Slichter von der Harvard University. Ich möchte mich an dieser Stelle mit drei seiner wichtigsten Irrtümer auseinandersetzen: (1) Er nimmt an, eine »schleichende« Inflation von 2 Prozent im Jahr werde mehr nutzen als schaden. (2) Er glaubt, die Regierung könne eine »schleichende« Inflation von 2 Prozent im Jahr (oder eine andere stabile Inflationsrate) *planen*. (3) Er behauptet, die Inflation sei eine notwendige Voraussetzung für »Vollbeschäftigung« und »Wirtschaftswachstum«.

Wir haben bereits gesehen, dass die Kaufkraft eines Dollar selbst dann, wenn die Regierung in der Lage wäre, die Inflation bei einer Rate von »nur« 2 Prozent im Jahr einzufrieren, innerhalb einer Generation um die Hälfte verringert würde. Das würde zwangsläufig dazu führen, dass die Menschen aufhören zu sparen. Es würde zu Ungerechtigkeit führen und die Produktion in die falsche Richtung lenken. In Wahrheit schreitet die Geldentwertung in den Vereinigten Staaten sehr viel schneller voran: Die Lebenshaltungskosten haben sich in den letzten zwanzig Jahren mehr als verdoppelt. Das entspricht einer jährlichen Inflationsrate von etwa 4 Prozent.

Sobald eine *geplante* »schleichende« Inflation angekündigt wird oder sobald die Allgemeinheit eine solche Inflation erwartet, wird aus dem Schleichtempo ein Galopp. Wenn die Kreditgeber damit rechnen müssen, dass die Preise im nächsten Jahr 2 oder 4 Prozent höher sein werden als in diesem, werden sie darauf bestehen, dass diese Teuerungsrate auf den geltenden Zinssatz aufgeschlagen wird, weil sie die Kaufkraft ihrer Investition erhalten wollen. Wenn die Kreditnehmer ebenfalls einen solchen Preisanstieg erwarten, werden sie bereit sein, diesen Aufschlag zu bezahlen. Tatsächlich werden alle Unternehmen gezwungen sein, eine entsprechend erhöhte Bruttorendite anzubieten, um neue Investitionen anzulocken, und sei es neues Eigenkapital. Bei einem geplanten Preisanstieg werden die Gewerkschaften einfach den erwarteten Betrag auf ihre Lohnforderungen aufschlagen. Spekulanten und normale Käufer werden versuchen, einen geplanten Preisanstieg vorwegzunehmen – und damit beschleunigen sie ihn zwangsläufig über die geplante Rate hinaus. Die Inflation zwingt jedermann, sich in einen Glücksspieler zu verwandeln.

Slichter stützte sich auf die These, dass »ein langsamer Anstieg des Preisniveaus ein unausweichlicher Preis der maximalen Wachstumsrate« sei – dass die Inflation eine notwendige Begleiterscheinung der »Vollbeschäftigung« sei. Aber das ist nicht richtig. Die einzige erforderliche Voraussetzung für ein maximales »Wachstum« (das heißt ein Höchstmaß an Beschäftigung und Produktion) ist das richtige Verhältnis zwischen oder die *Koordination* von Preisen und Löhnen. Wenn ein Teil der Löhne so hoch wird, dass sie nicht mehr mit den Preisen koordiniert werden können, führt dies zu Arbeitslosigkeit. Das Heilmittel besteht darin, die verantwortlichen Löhne zu korrigieren. Der Versuch, das Preisniveau durch Inflation generell anzuheben, wird lediglich neue Missverhältnisse erzeugen.

Wenn Löhne und Preise tatsächlich koordiniert sind, ist die Inflation unnötig, und wenn Löhne und Preise nicht koordiniert sind – wenn die Löhne den Preisen und der Produktion enteilen –, ist die Inflation nicht nur vergeblich, sondern schädlich.

Slichter nahm an, es gebe keine Möglichkeit, exzessive Lohnforderungen zu vermeiden, ohne die Gewerkschaften zu »zerschlagen«. Wir müssen jedoch nur die besonderen Privilegien beseitigen, die den Gewerkschaftsführern seit 1932 (insbesondere mit dem Norris-La Guardia Act und dem Wagner-Taft-Hartley Act) zugestanden worden sind. Wären die Arbeitgeber nicht gesetzlich verpflichtet, mit einer bestimmten Gewerkschaft zu verhandeln (das heißt in der Praxis, ihr Zugeständnisse zu machen), so unangemessen deren Forderungen auch sein mögen, so könnten die Unternehmen streikende Arbeiter entlassen und durch andere ersetzen. Würde die Gewaltanwendung durch Streikposten tatsächlich verboten, so würden die natürlichen Kontrollmechanismen wieder greifen und exzessive Lohnforderungen unmöglich machen.

Kapitel 40
Die offene Verschwörung

Im Jahr 1928 veröffentlichte H. G. Wells einen kleinen propagandistischen Roman mit dem Titel *Die offene Verschwörung* (*The Open Conspiracy*). Obwohl ich damals eine Rezension des Buchs schrieb, erinnere ich mich nicht genau, um was für eine Verschwörung es sich handelte. Aber die Beschreibung scheint mir gut zu den aktuellen Geschehnissen in den Vereinigten Staaten zu passen. Unsere Politiker und die meisten unserer Kommentatoren scheinen sich an einer offenen Verschwörung zu beteiligen, deren Ziel es ist, die Staatsschulden nicht zurückzuzahlen, jedenfalls nicht in Geld, das dieselbe Kaufkraft hat wie jenes, das sich der Staat geliehen hat – und anscheinend nicht einmal in Geld mit der heutigen Kaufkraft.

Selbstverständlich bestätigt niemand diese Absicht offen. Es handelt sich vielmehr um eine Verschwörung des Schweigens. Kaum jemand erwähnt auch nur die Frage, wie es gelingen soll, die Staatsschulden deutlich zu verringern. Selbst die Konservativen wagen bestenfalls zu fordern, wir sollten aufhören, immer neue Haushaltsdefizite anzuhäufen, damit wir die Schuldengrenze nicht immer weiter hinaufsetzen müssen. Aber jeder, der ernsthaft beabsichtigt, die Staatsschulden irgendwann zurückzuzahlen, müsste sich damit einverstanden erklären, Jahr für Jahr einen beträchtlichen Haushaltsüberschuss zu erwirtschaften.

Aber es ist nichts von einer ernsthaften Diskussion über dieses Problem zu hören. Wir lesen Hunderte Artikel und hören Hunderte Reden, in denen man uns sagt, wie wir die Staatsausgaben oder die Steuereinnahmen in Proportion zu unserem »Bruttosozialprodukt« erhöhen könnten oder sollten. Aber ich habe noch nicht einen Artikel gesehen, der sich mit der Frage befasst, wie wir mit einer jährlichen Rückzahlung der Staatsschulden beginnen könnten, die dem Anstieg unseres Bruttosozialprodukts entspräche.

Wenn wir uns ansehen, welche Dimensionen das Problem mittlerweile angenommen hat, verstehen wir, warum es so beharrlich verschwiegen wird. Würde jemand vorschlagen, jährlich 1 Milliarde Dollar der amerikanischen Staatsschulden zurückzuzahlen, so würde es zweihundertneunundachzig Jahre, also fast drei Jahrhunderte dauern, bis die Schulden getilgt wären. Aber 1 Milliarde Dollar im Jahr sind kein unerheblicher Betrag. Den republikanischen Regierungen gelang es zwischen 1919 und 1930, eine Tilgungsrate durchzusetzen, die diesem Wert nahekam, aber wegen dieser »deflationären« Politik sahen sie sich unablässiger Kritik ausgesetzt. Aufgrund der Deflationsangst wagt heute kaum noch jemand, eine höhere Tilgungsrate vorzuschlagen.

Es drängt sich der Verdacht auf, dass viele Politiker und Experten, die das Ausmaß des Problems ahnen, einen Gedanken oder einen Wunsch hegen, den sie nicht auszusprechen wagen: Sie denken, dass eine fortgesetzte Inflation die reale Schuldenlast gemessen am Bruttosozialprodukt verringern wird, indem sie den Wert des Dollar stetig schmälert und das Problem auf diese Art auf ein »beherrschbares Ausmaß« verringert. Natürlich würden sie empört bestreiten, eine solche Politik zu verfolgen. Aber genau in diese Richtung führt unsere verantwortungslose Ausgabenpolitik. Wir zahlen auf die Schulden, die wir vor zwanzig Jahren aufgenommen haben, Zinsen und Tilgungsbeträge, die nur noch 48 Cent des Dollar wert sind, den wir uns damals geliehen haben. Hoffen unsere Politiker, die Gläubiger des amerikanischen Staates zu betrügen, indem sie ihnen in zwanzig Jahren Geld zurückgeben, das nur noch die Hälfte seiner heutigen Kaufkraft hat?

Leider hat dieser Taschenspielertrick eine ebenso lange wie schändliche Geschichte. Ich hoffe, der Leser wird mir verzeihen, dass ich an dieser Stelle einen Teil des Zitats aus Adam Smith' *Der Wohlstand der Nationen* wiederhole, das ich in Kapitel 31 angeführt habe:

> *»Wo die öffentlichen Schulden einmal eine bestimmte Höhe erreicht haben, ist es meines Wissens nie gelungen, sie auf gerechte Weise und vollständig zurückzuzahlen. Sofern es überhaupt gelang, die Staatsfinanzen wieder einigermaßen in Ordnung zu*

> *bringen, bediente man sich stets dazu des Bankrotts, [...] aber selbst wenn oft eine vorgetäuschte Zahlung erfolgte, handelte es sich stets um einen echten Bankrott [...] Zweifellos schadet ein Staat seinem Ansehen sehr, indem er, um der Schande eines echten Bankrotts zu entgehen, auf Taschenspielertricks zurückgreift, die leicht zu durchschauen sind und trotzdem verheerende Folgen haben.«*

Unsere Regierung ist nicht gezwungen, zu einem solchen Trick zu greifen. Es ist nicht zu spät für sie, sich ihrer Verantwortung zu stellen und ein langfristiges Zahlungsprogramm einzuführen, das es ermöglichen würde, die Gläubiger zumindest mit dem gegenwärtigen, zur Hälfte entwerteten Dollar auszuzahlen, ohne uns tiefer in die Inflation oder Deflation zu treiben.

Kapitel 41
Wie sich die Spirale dreht

Seit Jahren ist die Rede von der inflationären Lohn-Preis-Spirale. Aber Washington (damit sind sowohl die Kongressmehrheit als auch die Regierung gemeint) spricht zumeist darüber, als handelte es sich um eine von außen kommende Heimsuchung, um eine unkontrollierbare Naturgewalt und nicht um etwas, das durch ihre eigene Politik heraufbeschworen wurde.

Sehen wir uns an, wie diese Politik in den letzten fünfundzwanzig Jahren die Lohn-Preis-Spirale in Gang gesetzt hat. Zunächst einmal erließen die amerikanischen Regierungen eine Reihe von Gesetzen (vom Norris-La Guardia Act von 1932 über den Wagner Act bis zu dessen spätere Modifikation, dem Taft-Hartley Act), die Ausdruck der Überzeugung waren, Arbeitskonflikte entstünden in erster Linie dadurch, dass die Gewerkschaftsdichte zu gering und die Gewerkschaften zu schwach seien.

Daher wurde die Regierung de facto zur Organisatorin von Gewerkschaften ernannt. Wir zwangen die Arbeitgeber, exklusive Tarifverhandlungen mit praktisch von Amts wegen geschaffenen Gewerkschaften zu führen, gleichgültig wie unvernünftig deren Forderungen sein mochten. Indem jeder Versuch, Arbeitern, die sich einer Gewerkschaft anschlossen, einen Arbeitsplatz zu verweigern, für illegal erklärt wurde, wurden explizit Regelungen legalisiert, die vorsahen, dass Arbeitern, die sich keiner Gewerkschaft anschlossen, ein Arbeitsplatz verweigert wurde.

Das Schlimmste war jedoch, dass den Gewerkschaften und ihren Mitgliedern ein Privileg zugestanden wurde, dass keiner anderen Vereinigung oder Person eingeräumt wird: Ihnen wurde erlaubt, Zwang auszuüben und Widersacher einzuschüchtern. Mit dem Norris-La Guardia Act wurde de facto unmöglich gemacht, dass Arbeitgeber oder nicht gewerkschaftlich organisierte Arbeiter ein Bundesgericht anriefen, wenn ihnen ein irreparabler Schaden zugefügt wurde. Im Gegensatz zur Rechtspraxis in allen anderen Bereichen weigern wir uns, eine Gewerkschaft für die Handlungen ihrer Vertreter zur Rechenschaft zu ziehen. Wir tolerieren, dass Streikposten, die sich der Einschüchterung und des Zwangs bedienen, Arbeitgeber daran hindern, anderen Arbeitern die Arbeitsplätze anzubieten, die von den Streikenden aufgegeben wurden, und hindern Arbeiter daran, sich um diese Arbeitsplätze zu bewerben. Und dann reagieren wir mit Erstaunen und Empörung, wenn diese Sonderrechte, gegen die das Gesetz keinen wirksamen Schutz gewährt, »missbraucht« werden.

Das unvermeidliche Resultat einer solchen Rechtslage ist, dass wir riesige Gewerkschaften mit der Macht ausgestattet haben, grundlegende nationale Industrien über Nacht lahmzulegen. Und wenn sie das getan haben, fällt uns keine andere Möglichkeit ein, die Industrie wieder in Gang zu bringen, als den Forderungen der Gewerkschaftsführer nachzugeben, die den Streik ausgerufen haben.

Das ist der Grund für den Lohnauftrieb. Aber es ist nicht der Grund für die Inflationsspirale. Für sich genommen würde eine Anhebung der Löhne über das Niveau der Grenzproduktivität der Arbeit hinaus lediglich dazu führen, dass die Beschäftigung sinkt. Wie es Friedrich A. von Hayek ausgedrückt hat:

> *»Da es mittlerweile eine allgemein anerkannte Doktrin ist, es sei die Pflicht der geldpolitischen Verantwortlichen, für ausreichend Kredit zu sorgen, um ungeachtet des Lohnniveaus die Vollbeschäftigung zu sichern, und da den geldpolitischen Verantwortlichen diese Pflicht tatsächlich per Gesetz auferlegt worden ist, muss die Fähigkeit der Gewerkschaften, die Löhne in die Höhe zu treiben, zwangsläufig zu einer unablässig steigenden Inflation führen.«*

Früher oder später werden Gesetzgeber und Verwaltung der Diktatur der Gewerkschaftsführungen entgegentreten und etwas gegen die Lohn-Preis-Spirale unternehmen müssen, die sie mit ihren Gesetzen und Maßnahmen selbst erzeugt haben. Aber in jeder neuen

Krise weigern sich die Politiker, das zu tun. Zieht sich beispielsweise ein landesweiter Streik der Stahlarbeiter in die Länge, so geraten die Politiker in Panik und versuchen, den Arbeitskonflikt mit der einzigen Vorgehensweise beizulegen, die ihnen möglich erscheint: indem sie einmal mehr den Forderungen der Gewerkschaft nachgeben, einmal mehr einer Lohnerhöhung zustimmen und einmal mehr die Lohn-Preis-Spirale in Gang setzen.

Die Politiker verlangen, der Präsident möge einen »Schlichtungsausschuss« einberufen, der eine Lösung »empfehlen«, das heißt de facto eine Lösung vorschreiben soll, welche die Arbeitgeber zwingen wird, ihren Beschäftigten eine weitere Lohnerhöhung zuzugestehen. So führt ein staatlicher Eingriff zum nächsten staatlichen Eingriff. Da der Staat an seiner vorrangigen Aufgabe gescheitert ist (die darin besteht, die private Zwangsausübung zu unterbinden), verlangen die Politiker de facto eine Festsetzung von Preisen und Löhnen, und wir steuern auf ein totalitäres Kontrollsystem zu.

Kapitel 42
Die Inflation ist unmoralisch

Die Inflation trifft nie alle Menschen gleichzeitig, und sie trifft nie alle Menschen gleich hart. Sie beginnt an einem bestimmten Punkt bei einer spezifischen Gruppe. Wenn der Staat mehr Geld in Umlauf bringt, kann er das tun, indem er mehr Geld in die Rüstung steckt, die Subventionen für die Landwirtschaft erhöht oder bestimmten Gruppen zusätzliche Sozialleistungen zugesteht. Die Einkommen der Begünstigten steigen zuerst. Jene, die ihr zusätzliches Geld als Erste ausgeben, bezahlen noch die alten Preise. Aber ihre zusätzlichen Ausgaben beginnen, die Preise in die Höhe zu treiben. Jene, deren Einkommen nicht gestiegen ist, müssen höhere Preise als vorher bezahlen – die Kaufkraft ihrer Einkommen ist geschrumpft. Schließlich steigen möglicherweise auch ihre Einkommen dank des Wechselspiels der wirtschaftlichen Kräfte. Aber wenn diese Einkommen weniger oder später steigen als die Durchschnittspreise der Güter und Dienstleistungen, die damit bezahlt werden, werden sie den Verlust infolge der Inflation nie vollkommen ausgleichen.

Das bedeutet, dass die Inflation im Grunde zu einer Umverteilung der Realeinkommen führt. Diejenigen, die von der Inflation profitieren, tun dies zwangsläufig auf Kosten anderer. Die Gesamtverluste durch die Inflation sind genauso hoch wie die Gesamtgewinne. Das führt zu Konflikten zwischen Klassen oder Gruppen: Die Opfer der Inflation hegen Groll gegen die Gewinner – ja sogar jene, die in geringem Maß davon profitieren, beneiden die großen Gewinner. Die Allgemeinheit begreift, dass die Neuverteilung von Einkommen und Vermögen in einer Inflation nicht das Ergebnis von Verdienst, Anstrengung oder Produktivität ist, sondern von Glück, Spekulation oder politischer Begünstigung. In Deutschland ebnete die verheerende Inflation von 1923 den Nationalsozialisten den Weg.

Obendrein wirkt die Inflation auf jene, die davon profitieren, noch demoralisierender als auf die Verlierer. Die Gewinner gewöhnen sich an einen »unverdienten Einkommenszuwachs« und wollen auf ihren relativen Zugewinn nicht mehr verzichten. Jene, die Geld mit der Spekulation verdient haben, möchten weiter auf diese Art Geld machen, anstatt dafür zu arbeiten. Ich erinnere mich an ein Gespräch zwischen zwei Freunden, die beide im Jahr 1929 gut bezahlte Posten als Buchprüfer innehatten, aber auch viel Geld an der Börse investierten. Sie tauschen Geschichten über ihre Gewinne aus und waren sich darin einig, dass ihr Gehalt »nur noch ein Trinkgeld« war. Und niemand möchte den ganzen Tag für ein Trinkgeld arbeiten. In einer Inflationsphase treten Arbeit und Produktion langfristig in den Hintergrund gegenüber Spekulation und Glücksspiel.

Die Profiteure der Inflation neigen dazu, ihr Geld freizügig, unvernünftig und demonstrativ auszugeben. Das verstärkt den Groll der weniger Glücklichen. Die Attraktivität gewöhnlicher Sparformen wie Sparbücher, Versicherungen, Anleihen und anderer Schuldverschreibungen mit festem Ertrag sinkt. Die Aussicht auf den schnellen und einfachen Gewinn erhöht die Versuchung, sich auf Korruption und illegale Aktivitäten einzulassen.

Und die Inflation weckt nicht nur Spielsucht, Korruption und Unehrlichkeit. Sie ist an sich ein unmoralischer Akt des Staates. Wenn moderne Regierungen die Inflation anheizen, indem sie direkt oder indirekt die Geldmenge erhöhen, tun sie im Grunde dasselbe, was die Könige einst taten, als sie die Münzen beschnitten. Die Verwässerung der Geldmenge mit Papiergeld ist das moralische Äquivalent zur Verdünnung von Milch mit Wasser. Die Regierungen mögen behaupten, die Inflation sei eine von außen kommende Heimsuchung, aber in Wahrheit ist sie fast immer das Ergebnis einer bewusst betriebenen Politik der Regierung.

Das erkannte Adam Smith in *Der Wohlstand der Nationen*. Ich habe die Passage bereits zitiert, aber es lohnt sich, sie noch einmal zu wiederholen:

> *»Wo die öffentlichen Schulden einmal eine bestimmte Höhe erreicht haben, ist es meines Wissens nie gelungen, sie auf gerechte*

> *Weise und vollständig zurückzuzahlen. Sofern es überhaupt gelang, die Staatsfinanzen wieder einigermaßen in Ordnung zu bringen, bediente man sich stets dazu des Bankrotts, [...] aber selbst wenn oft eine vorgetäuschte Zahlung erfolgte, handelte es sich stets um einen echten Bankrott.«*

Smith spricht in diesem Zusammenhang von einer »vorgetäuschten Zahlung«. Diese vorgetäuschte Zahlung ist die Inflation. Die amerikanische Regierung zahlt die Schulden, die sie im Jahr 1940 aufgenommen hat, heute mit Dollar zurück, die nur noch 48 Prozent des damaligen Werts haben. Adam Smith schrieb dazu im Jahr 1776:

> *»Zweifellos schadet ein Staat seinem Ansehen sehr, indem er, um der Schande eines echten Bankrotts zu entgehen, auf Taschenspielertricks zurückgreift, die leicht zu durchschauen sind und trotzdem verheerende Folgen haben.«*

Kapitel 43
Kann man der Inflation ein Schnippchen schlagen?

Hin und wieder bekomme ich Briefe von Lesern, die wissen möchten, wie sie sich gegen die Entwertung ihrer Ersparnisse durch die Inflation wehren können. Zahlreiche Investmentberater bieten den Bürgern Ratschläge dazu an. Es werden Pläne für die Ausgabe von Staatsanleihen und anderen Wertpapieren vorgeschlagen, deren Zinsen oder Einlösungswert im Gleichschritt mit den Lebenshaltungskosten steigen sollen. Und es gibt eine Vielzahl anderer Vorschläge dazu, wie den schädlichen Auswirkungen der Inflation begegnet werden kann.

Sowohl die Ratschläge als auch die Pläne illustrieren eines der schlimmsten Ergebnisse der Inflation: Sie verringert stetig den Wert von zurückgelegtem Geld, von Sparbüchern und Anleihen, von Hypotheken oder Versicherungsleistungen, von Renten und festverzinslichen Geldanlagen jeder Art. Auf diese Art bestraft sie die Sparsamkeit und bringt uns davon ab zu sparen. Sie macht »sichere« und konservativere Geldanlagen unattraktiv und zwingt jedermann, sich in einen Spekulanten oder Spieler zu verwandeln. Denn wenn ein Mann inmitten einer Inflation sein Geld auf einem Sparbuch, in Pfandbriefen oder festverzinslichen Wertpapieren anlegt, ist ihm ein Kaufkraftverlust sicher.

Kann es einen Sparplan geben, der diese Wirkung ausgleicht? Die automatische Inflationsanpassung von Löhnen stellt einen Versuch dar, das für die gewerkschaftlich organisierten Arbeitskräfte zu tun. Immer wieder wird vorgeschlagen, Unternehmen oder der Staat selbst sollten Anleihen begeben, deren Zinsen sowie Rückzahlungswert am Ende der Laufzeit um denselben Prozentsatz steigen würde wie der amtliche Verbraucherpreisindex.

Es gibt jedoch überzeugende Einwände gegen solche Pläne. Der Kreditnehmer, sei er nun ein Privatunternehmen oder der Staat, würde eine Verpflichtung von unbekannten Ausmaßen eingehen. Insbesondere bei einer gravierenden Inflation hätte er keinerlei Sicherheit, dass sein eigenes Einkommen proportional zu den Lebenshaltungskosten (oder, um es anders auszudrücken, umgekehrt proportional zum Wertverlust der Währung) steigen würde. Solche inflationsindexierten Anleihen würden wie die inflationsindexierten Löhne lediglich die Zahl der Personen erhöhen, die kein Interesse daran hätten, die schädlichen Auswirkungen der Inflation auf die übrige Bevölkerung zu verhindern.

Die Befürworter eines solchen Inflationsschutzes verstehen nicht, dass eine Gruppe nur auf Kosten einer anderen von der Inflation profitieren kann. Der Preis dessen, was Sie zu verkaufen haben, kann nur schneller als der Durchschnittspreis dessen steigen, was Sie kaufen können, wenn der Preis dessen, was *andere* Leute an Sie zu verkaufen haben, weniger oder langsamer steigt als der Preis dessen, was diese Leute *von Ihnen* kaufen müssen. Dem Nettobetrag jedes realen Inflationsgewinns muss ein entsprechender Betrag einer realen Inflationseinbuße gegenüberstehen. Grob gesagt kann eine Hälfte der Bevölkerung nur auf Kosten der anderen Hälfte von der Inflation profitieren. Die Inflation ist für die Politiker attraktiv, weil sie bei der großen Mehrheit der Wähler die Illusion weckt, sie könnten irgendwie von dem Schwindel profitieren – und zwar auf Kosten einiger weniger nicht identifizierter Opfer.

Wenn wir annehmen, dass es möglich wäre, ein Programm zu gestalten, um einen Ausgleich zwischen Inflationsgewinnen und -verlusten herzustellen, damit niemand entweder gewinnen oder verlieren würde, dann brechen alle Argumente für die Inflation in sich zusammen. Denn es gibt keine Inflation ohne Ursache. Sie ist ein Resultat politischer Eingriffe. Sie ist das Resultat einer Entwicklung, welche die Regierung immer steuern kann, nämlich der Entwicklung der Geld- und Kreditmenge. Eine Inflation wird in dem Glauben ausgelöst oder fortgesetzt, sie werde den Schuldnern auf Kosten der Gläubiger, den Arbeitnehmern auf Kosten der Arbeitgeber, den Landwirten auf Kosten der städtischen Konsumenten, den Alten auf Kosten der Jungen oder der gegenwärtigen Generation auf Kosten der nächsten zugutekommen. Fest steht jedoch, dass es unmöglich ist, alle auf Kosten aller reich zu machen. Das Papiergeld kann keine Wunder wirken.

Es ist richtig, dass eine wachsame Person einige Dinge tun kann, um sich dagegen zu schützen, dass die Inflation den Wert ihres Geldes aufzehrt – das jedoch nur unter der Voraussetzung, dass sie sowohl früher als auch klüger handelt als die Mehrheit.

Und sogar das war früher leichter als heute. Beispielsweise konnte ein Deutscher in der Inflationsphase, die ihren Höhepunkt im Jahr 1923 erreichte, amerikanische Dollar zum jeweiligen Tageskurs kaufen, sobald er ein Einkommen zur Verfügung hatte, das seine unerlässlichen Ausgaben überstieg. Aber da die Preise innerhalb Deutschland sehr viel langsamer stiegen als der Dollarkurs (oder, um es genauer zu sagen: da der Außenwert der Reichsmark sehr viel schneller fiel als ihr innerer Wert), erwies sich das als unzureichende Absicherung für die deutsche Bevölkerung in ihrer Gesamtheit. Da der Sturm auf Fremdwährungen den Außenwert der Mark noch schneller aushöhlte (bis man am Ende für 1 Dollar Hunderte Milliarden Mark bezahlen musste), hatte es für die Nachzügler keinen Sinn mehr, so vorzugehen.

Heute gibt es keine vollkommen sichere ausländische Währung mehr, in die man sich flüchten könnte, um sich gegen einen Wertverlust des eigenen Geldes abzusichern. Den amerikanischen Bürgern ist es gesetzlich verboten, Gold zu kaufen und daheim aufzubewahren. (Mit diesem Verbot gestehen unsere monetären Institutionen indirekt ein, dass die Menschen tatsächlich dem Gold den Vorzug vor dem Papier geben und ihr Papiergeld in das Edelmetall umtauschen würden, wenn sie die Möglichkeit dazu hätten.) Und wenn die Amerikaner Gold im Ausland kaufen, gehen sie das Risiko ein, dass der Staat sie zwingen wird, ihr Gold zu einem willkürlich festgesetzten Kurs in Papiergeld umzutauschen (wie er es im Jahr 1933 tat).

In der Praxis haben die Bürger nur die Möglichkeit, ihr Geld in Immobilien, Aktien, Nerzmänteln, Autos, Fernsehgeräten, Orientteppichen oder Juwelen anzulegen – sie können Wertgegenstände oder Luxusgüter kaufen und Papiergeld sowie festverzinsliche Schuldverschreibungen meiden. Einfach ausgedrückt können sie sich nur in extravaganten Luxus und Spekulation flüchten.

Ein unerfahrener Spekulant wird sich möglicherweise Investmentfonds zuwenden, die seine Geldanlage für ihn diversifizieren und ihn bis zu einem gewissen Grad gegen seinen Mangel an Sachkenntnis absichern. Aber auch hier können nur jene, die früher oder zu niedrigeren Kursen kaufen, auf Kosten jener, die später oder zu hohen Kursen kaufen, von der Entwicklung solcher Geldanlagen profitieren oder den Wertverlust ihres Geldes vermeiden.

Es ist also unmöglich, dass sich alle Menschen gegen die Inflation absichern. Eine Minderheit, die frühzeitig handelt, kann es nur auf Kosten der Mehrheit tun, oder die frühen Käufer auf Kosten der späten Käufer. Und die Versuche der Bevölkerung, sich aus dem Geld und in Sachwerte zu flüchten, treiben die Inflation nur weiter an, indem sie den Preisanstieg oder den Wertverlust des Dollar verschärfen und beschleunigen.

Dieses letzte Ergebnis ist unausweichlich, gleichgültig ob die Bürger versuchen, sich individuell gegen die Inflation abzusichern oder ob sie sich bemühen, das als Gruppe zu erreichen, indem sie eine Inflationsindexierung von Löhnen oder Anleihen durchsetzen. Selbst die Arithmetik solcher Mechanismen funktioniert nicht, denn weder die Preise noch die Einkommen steigen einheitlich. Nehmen wir an, dass ein Teil der Löhne und Preise überhaupt nicht steigt, während andere um 100 Prozent steigen. Damit beträgt der durchschnittliche Anstieg 50 Prozent. Nehmen wir weiter an, dass Mechanismen zur Anpassung an den Anstieg der Lebenshaltungskosten greifen und jene Löhne oder Preise, die weniger als 50 Prozent gestiegen sind, um den Durchschnittswert angehoben werden. Damit erhöht sich der durchschnittliche Anstieg auf 75 Prozent. Wenn die Preise oder Löhne, die weniger gestiegen sind, jetzt um 75 Prozent gegenüber dem ursprünglichen Niveau angehoben werden, erhöht sich der *durchschnittliche* Anstieg erneut, sagen wir auf 85 Prozent. Und so weiter. Dieser Prozess könnte nur dadurch gestoppt werden, dass sich die für die Geldpolitik verantwortlichen Institutionen weigern, die für die sukzessiven Anstiege erforderliche zusätzliche Geld- und Kreditmenge bereitzustellen.

Es gibt nur eine Lösung. Es gibt nur einen wirklichen Schutz gegen die Inflation, der alle Bürger einbezieht: Man darf keine Inflation zulassen. Und wenn es zu einer Inflation kommt, muss man sie möglichst rasch stoppen.

Kapitel 44
Das ABC der Inflation

Nehmen wir an, es geschähe ein Wunder und jede amerikanische Familie erwachte eines Morgens mit viermal so viel Geld auf der Bank wie am Abend zuvor. All diese Familien würden loslaufen und Dinge kaufen, die sie sich seit langem wünschen, aber bisher nicht leisten konnten. Die ersten, die im Laden eintreffen, könnten diese Dinge möglicherweise noch zum gestrigen Preis kaufen. Aber die folgenden Kunden müssten schon höhere Preise bezahlen, um an die gewünschten Güter heranzukommen. Die Lager der Einzelhändler würden sich leeren, und die große Zahl von Bestellungen würde die Großhandelspreise in die Höhe treiben. Um die höhere Produktion zu bewältigen, würden die Hersteller zusätzliche Arbeitskräfte einstellen. Das würde die Löhne in die Höhe treiben. Schließlich würden Preise und Einkommen im gesamten Wirtschaftskreislauf steigen.

Das ist natürlich eine sehr grobe Vereinfachung. Aber es beschreibt, was tatsächlich in diesem Land geschehen ist – nicht über Nacht, aber in den letzten zwei Jahrzehnten. Ende des Jahres 1939 waren in den Vereinigten Staaten 6,4 Milliarden Dollar in Umlauf. Die Sichteinlagen bei Banken (die den Großteil der »Geldmenge« darstellen, mit dem die Amerikaner geschäftliche Transaktionen tätigen) beliefen sich auf 29,8 Milliarden Dollar. Das ergibt eine Gesamtgeldmenge von etwas mehr als 36 Milliarden Dollar. Bis Ende des Jahres 1967 hatte sich die Geldmenge auf 182 Milliarden Dollar verfünffacht.

Aufgrund dieses gewaltigen Anstiegs der Menge an Geld, mit dem für Güter und Dienstleistungen geboten wurde, stiegen die Großhandelspreise bis Ende 1967 um 151 Prozent über dem Niveau von 1939. Im selben Zeitraum erhöhten sich die Lebenshaltungskosten gemessen an den von den Verbrauchern gezahlten Einzelhandelspreisen um 144 Prozent. Mit anderen Worten: Der Dollar besaß nur noch 40 Prozent seiner Kaufkraft des Jahres 1939.

Angesichts des Ausmaßes dieses Anstiegs der Geldmenge überrascht es, dass die Preise nicht noch stärker gestiegen sind. Ein Grund dafür ist, dass das Angebot an Gütern ebenfalls gestiegen ist. Die Industrieproduktion war im Jahr 1967 326 Prozent höher als 1939. Während sich die Geldmenge verfünffacht hat, hat sich die Industrieproduktion also mehr als vervierfacht.

Sehen wir uns an, was Inflation ist, was sie macht und wie sich eine anhaltende Inflation auf uns auswirken kann.

»Inflation« ist kein wissenschaftlicher Begriff. Der Terminus wird nicht nur im Alltag, sondern auch in vielen ökonomischen Abhandlungen sehr großzügig verwendet. Er hat mindestens vier verschiedene Bedeutungen:

1. Inflation ist ein Wachstum der Geldmenge (und der Kreditmenge).
2. Inflation ist ein Wachstum der Geldmenge, welches das Wachstum des Güterangebots übersteigt.
3. Inflation ist ein Anstieg des durchschnittlichen *Preisniveaus*.
4. Inflation ist gleichbedeutend mit Wohlstand oder einer Wirtschaftsblüte.

Wir wollen hier eine Definition verwenden, die allgemein verständlich ist und zugleich möglichst wenig intellektuelle Verwirrung stiftet. Das ist in meinen Augen die zweite Definition:

Inflation ist ein Wachstum der Geldmenge, welches das Wachstum des Güterangebots übersteigt.

Es gibt einige technische Einwände gegen diese Definition (mit denen wir uns in Kapitel 23 befasst haben), aber die Einwände gegen die anderen drei Definitionen wiegen noch schwerer. Beispielsweise ist die erste Definition präzise, widerspricht jedoch der üblichen Verwendung des Begriffs. Die Definitionen 3 und 4 entsprechen durchaus dem üblichen Sprachgebrauch, aber wie wir sehen werden, führen sie zu erheblicher Verwirrung.

Wann immer die Geldmenge schneller steigt als die Menge an Gütern, steigen die Preise. Das ist praktisch unvermeidlich. Gleichgültig, um wie viel die Menge eines Guts wächst, wird der Wert jeder einzelnen Einheit davon sinken. Wenn die Weizenernte in diesem Jahr doppelt so hoch ausfällt wie im vergangenen Jahr, wird der Preis einer Tonne Weizen deutlich gegenüber dem Vorjahrespreis fallen. Und je mehr die Geldmenge wächst, desto geringer wird die Kaufkraft jeder einzelnen Einheit dieser Währung. In Großbritannien wuchs die Geldmenge zwischen 1937 und 1957 um 226 Prozent. Die Lebenshaltungskosten stiegen im selben Zeitraum um 166 Prozent. In Frankreich wuchs die Geldmenge in diesen zwanzig Jahren um das Sechsunddreißigfache, und die Lebenshaltungskosten stiegen um das Sechsundzwanzigfache.

Oft wird der Preisanstieg, der einfach eine *Konsequenz* der Inflation ist, so behandelt, *als wäre er selbst die Inflation.* Dieses Missverständnis führt dazu, dass viele Leute die eigentliche Ursache der Inflation – das Wachstum der Geldmenge – übersehen und glauben, die Inflation könne einfach durch staatliche Kontrollen von Preisen und Löhnen gebremst werden, obwohl die Geldmenge weiter erhöht wird. Unter solchen Bedingungen können vom Staat festgesetzte Preise und Löhne jedoch nur die Produktion bremsen, verzerren und stören, *ohne* die Inflation zu beenden.

Es existiert die Vorstellung, verantwortlich für alle Inflationen sei der »Krieg«. Aber die gegenwärtige Inflation in Frankreich, Italien, Großbritannien und den Vereinigten Staaten hat im Wesentlichen nach dem Ende des Zweiten Weltkriegs begonnen. Beispielsweise sind die Lebenshaltungskosten in den Vereinigten Staaten seit 1945 um 86 Prozent gestiegen. Und einige der spektakulärsten Inflationsphasen in der jüngeren Vergangenheit waren in Ländern zu beobachten, die vom Krieg unberührt geblieben waren. Zwischen 1950 und 1959 stieg die Geldmenge in Chile auf das Neunfache, während sich die Lebenshaltungskosten auf das Zwanzigfache erhöhten. In Bolivien schwoll die Geldmenge im selben Zeitraum auf das Siebzigfache an, und die Lebenshaltungskosten verhundertfachten sich. Ähnliches lässt sich über andere Länder sagen.

Wir sehen also, dass der Zusammenhang zwischen dem Wachstum der Geldmenge und dem Anstieg der Preise sehr eng ist. Alle großen Inflationen in früheren Zeiten und in der jüngeren Vergangenheit waren in erster Linie das Ergebnis einer rücksichtslosen Defizitfinanzierung von Regierungen, die sehr viel mehr ausgeben wollten, als sie an Steuern einzunehmen wagten oder einnehmen konnten. Die Fehlbeträge bezahlten sie, indem sie einfach zusätzliches Papiergeld druckten.

Heute ist es den meisten Regierungen peinlich, ihre Rechnungen einfach mit neu gedrucktem Geld zu finanzieren. Daher haben sie anspruchsvollere und indirektere Methoden entwickelt, um im Grunde dasselbe zu tun. Im Normalfall »verkaufen« sie ihre zinstragenden Schuldverschreibungen an die Zentralbank. Diese erzeugt daraufhin eine »Einlage« mit dem Nennwert der staatlichen Schuldverschreibungen, und die Regierung ruft diese »Einlage« ab. Aber das ist letzten Endes dasselbe, als würde direkt neues Geld gedruckt.

Oft bekommen wir jedoch zu hören, wir hätten es mittlerweile mit einer »neuen« Art von Inflation zu tun, die von den Gewerkschaften durch stetige Lohnerhöhungen verursacht werde. Diese Behauptung enthält eine politische Wahrheit, aber sie ist wirtschaftlich irreführend.

Nehmen wir an, die Gewerkschaften wären in der Lage, Lohnerhöhungen durchzusetzen, aber Geldumlauf und Kreditvergabe würden so gesteuert, dass die gesamte Geldmenge nicht steigen würde. In diesem Fall würden die steigenden Löhne entweder die Gewinnmargen verringern oder die Hersteller zwingen, die Preise zu erhöhen, um ihre Margen zu wahren. Würden die höheren Löhne die Profite der Arbeitgeber zusammenschmelzen lassen, so würden sie direkt zum Verlust von Arbeitsplätzen führen. Würden sie einen Preisanstieg erzwingen, womit die Konsumenten mehr Geld ausgeben müssten als vorher, so würden die Konsumenten weniger Güter kaufen. Das Ergebnis wären ein Absatzrückgang und in der Folge eine geringere Produktion und damit ebenfalls ein Beschäftigungsrückgang.

Ein Lohnanstieg, der nicht durch eine Vergrößerung der Geldmenge ausgeglichen würde, würde also einfach zu Arbeitslosigkeit führen. Aber kaum eine Regierung hat den Mut, die Geldmenge in einem stabilen Verhältnis zur Produktion zu halten und sich den Vorwurf gefallen zu lassen, dadurch einen Anstieg der Arbeitslosigkeit zu verschulden. Stattdessen ziehen es die meisten Regierungen vor, die Geldmenge immer weiter zu erhöhen, um den stetigen Lohnanstieg bezahlbar zu machen. Auf diese Art führt der Anstieg der Löhne *politisch* zur Fortsetzung der Inflation.

Es gibt jedoch mehr als einen Grund dafür, dass die Inflation trotz aller vorgetäuschten Empörung nicht nur vom Großteil der Allgemeinheit hingenommen, sondern von bestimmten Interessengruppen aktiv unterstützt wird.

Der erste Grund ist die »Geldillusion«. Wir sind so daran gewöhnt, unser Einkommen und unser wirtschaftliches Wohlergehen ausschließlich an monetären Maßstäben zu messen, dass wir uns nicht davon lösen können. Seit 1939 haben sich die Lebenshaltungskosten in den Vereinigten Staaten etwas mehr als verdoppelt. Das bedeutet, dass sich die wirtschaftliche Situation einer Person, deren Einkommen nach Steuern zwischen jenem Jahr und dem Jahr 1957 von 5000 auf 10.000 Dollar gestiegen ist, gemessen an ihrer Kaufkraft seit 1939 nicht verbessert hat.

Tatsächlich hat sich die Situation dieser Person sogar verschlechtert. In einer Studie des amerikanischen Industrieverbands, in der nicht nur der Preisanstieg, sondern auch die gestiegene Einkommenssteuer berücksichtigt wurde, zeigte sich, dass eine Person im Jahr 1960 ein Bruttoeinkommen von 12.307 Dollar benötigte, um dieselbe Kaufkraft zu haben wie mit 5000 Dollar im Jahr 1939. In den höheren Steuerklassen war sogar ein noch deutlicherer Anstieg des Bruttoeinkommens erforderlich, um die Kaufkraft zu erhalten. Im Jahr 1960 brauchte man ein Bruttoeinkommen von 26.030 Dollar, um sich genauso viel leisten zu können wie mit einem Einkommen von 10.000 Dollar im Jahr 1939. Damit das Einkommen einer Person im Jahr 1960 dieselbe Kaufkraft hatte wie 25.000 Dollar im Jahr 1939, musste es auf 77.415 Dollar gestiegen sein.

Eine Person, deren Einkommen von 5000 Dollar im Jahr 1939 lediglich auf 7500 Dollar in der Gegenwart gestiegen ist, befindet sich in einer deutlich schlechteren wirtschaftlichen Lage. Aber die Geldillusion hält sich so hartnäckig, dass Millionen Menschen, deren Situation sich gemessen an der realen Kaufkraft ihres Einkommens verschlechtert hat, wahrscheinlich glauben, heute wohlhabender zu sein, weil ihr nominelles Einkommen so viel höher ist.

Die Geldillusion geht oft mit einem Phänomen einher, das wir als »Illusion des Sonderfalls« bezeichnen können. Gemeint ist der Glaube, der Grund für den Anstieg unseres Einkommens in den letzten fünf, zehn oder zwanzig Jahren sei, dass wir persönlich großes Glück gehabt haben oder besonders talentiert sind, während die Preise, die wir bezahlen müssen, einfach aufgrund der »Inflation« gestiegen sind. Wir verstehen nicht, was hier passiert, solange wir nicht begreifen, dass die Kräfte, die verteuert haben, was andere Leute zu verkaufen haben (einschließlich ihrer Arbeitsleistung), dieselben Kräfte sind, die den Preis dessen erhöht haben, was wir selbst zu verkaufen haben. Umgekehrt können wir sagen, dass dieselben Kräfte, die den Anstieg unseres Einkommens bewirkt haben, auch die Einkommen anderer Leute erhöht haben.

Die Illusion des Sonderfalls ist jedoch nicht *vollkommen* illusorisch. Hier kommen wir zu einem der Hauptgründe für den politischen Druck, der die Inflation begünstigt. Am Anfang des Kapitels haben wir uns vorgestellt, die Inflation sei das Resultat eines Wunders, welches das Geld aller Familien gleichzeitig über Nacht vervierfacht hat. Natürlich geschieht im wirklichen Leben kein solches Wunder. In der Realität führt die Inflation nie zu einem gleichzeitigen oder proportionalen Anstieg der Geldmenge oder des Einkommens aller Menschen. Keine tatsächliche Inflation wirkt sich gleichzeitig und in gleichem Maß auf alle Einkommen und Preise aus. Im Gegenteil: Jede Inflation wirkt sich auf verschiedene Einkommen und Preise *unterschiedlich* und *zu verschiedenen Zeiten* aus.

Beispielsweise beginnt eine typische Kriegsinflation, wenn die Regierung neu geschaffenes Geld benutzt, um Rüstungsgüter zu bezahlen. Als Erstes steigen die Gewinne der Rüstungsunternehmen. Als Nächstes stellen diese Unternehmen zusätzliche Arbeiter ein und erhöhen die Löhne, um weitere Arbeiter anzulocken und zu binden. Dann erhöhen die Branchen, welche die Rüstungsunternehmen beliefern und die Beschäftigten dieser Unternehmen mit Gütern und Dienstleistungen versorgen, ihren Absatz. Und so wird das Geld in der Volkswirtschaft verteilt.

Ähnlich verläuft der Prozess in einer durch eine »Wirtschaftsankurbelung« ausgelösten Inflation. Wenn der Staat große Infrastrukturinvestitionen tätigt oder ein Wohnbauprogramm startet, profitieren zunächst die Bauunternehmen, dann die Bauarbeiter, drittens die Unternehmen, die direkt vom Konsum der Bauarbeiter profitieren, und so weiter.

Die Inflation kommt also immer bestimmten Bevölkerungsgruppen zugute, bevor weitere Gruppen davon profitieren, und die ersten profitieren mehr davon als die übrigen. Und in den meisten Fällen kommt die Inflation den zuerst begünstigten Gruppen *direkt auf Kosten der anderen Gruppen* zugute.

Sehen wir uns zur Veranschaulichung ein extrem vereinfachtes Beispiel an: Die Einkommen einer Hälfte der Bevölkerung und die Preise der von diesen Menschen angebotenen Güter und Dienstleistungen verdoppeln sich, während die Mitglieder der anderen Hälfte immer noch dasselbe Einkommen wie vorher erzielen und nur dieselben Preise für ihre Güter und Dienstleistungen verlangen können. Die von der ersten Hälfte erzielten Durchschnittspreise steigen von 100 auf 200. Die von der anderen Hälfte erzielten Durchschnittspreise stagnieren bei 100. Das bedeutet, dass der Durchschnittspreis *aller* Güter und Dienstleistungen jetzt bei 150 liegt, also 50 Prozent höher ist als zuvor. Die wirtschaftliche Lage der ersten Hälfte der Bevölkerung ist nun um etwa ein Drittel besser als zuvor – wenn auch nicht doppelt so gut, obwohl sich ihr Einkommen verdoppelt hat. Die andere Hälfte der Bevölkerung kann sich hingegen nur noch zwei Drittel der Güter und Dienstleistungen leisten, die sie vorher bezahlen konnte, obwohl sich ihr Einkommen nicht verändert hat.

Natürlich sind die relativen Zugewinne und Einbußen in einer realen Inflation nie so klar zwischen zwei Hälften der Bevölkerung verteilt. Vielmehr werden sie innerhalb jeder Gruppe und bis zu einem gewissen Grad sogar innerhalb der einzelnen Familien schwanken. Fest steht jedoch, dass es etwa genauso viele Verlierer wie Gewinner geben wird, obwohl die Geldillusion dafür sorgt, dass das vielen Verlierern verborgen bleiben wird.

Die Tatsache, dass es immer relative Inflationsgewinner gibt, obwohl sie auf Kosten der übrigen Bevölkerung profitieren, macht es möglich, den politischen Druck zur Fortsetzung der Inflation aufrechtzuerhalten.

Wären die Inflationsverlierer immer in der Lage, ihre tatsächliche Position zu bestimmen und sich Gehör zu schaffen, so würden sie den politischen Einfluss jener, die zeitweilig von der Inflation profitieren, mehr als wettmachen.

Wer sind die Verlierer? Normalerweise werden Sparer, Inhaber von Staatsanleihen, Rentner oder von einer Witwenrente lebende Frauen, Inhaber von Versicherungspolicen, Lehrer und ähnliche Angestellte dieser Gruppe zugerechnet. Tatsächlich zählen diese Gruppen zu den Inflationsverlierern, aber es gibt noch sehr viel mehr Verlierer.

Haben Sie persönlich von der Inflation profitiert oder gehören Sie zu ihren Opfern?

Es gibt einen einfachen Weg, das herauszufinden. In der folgenden Tabelle finden Sie in der zweiten Spalte den amtlichen Verbraucherpreisindex für die Vereinigten Staaten. Um die Berechnung zu vereinfachen, wurde der Basiswert mit 100 im Jahr 1939 angesetzt. Die dritte Spalte enthält die amtliche Schätzung des »verfügbaren« Pro-Kopf-Einkommens (das heißt des Einkommens nach Steuern und Abgaben). Auch hier wurde der Wert für das Jahr 1939 mit 100 angesetzt.

Durchschnitt 1939 = 100

Jahr	Lebenshaltungskosten*	Pro-Kopf-Einkommen**
1939	100	100
1944	127	197
1945	130	200
1946	140	209
1947	161	218
1948	173	238
1949	171	234
1950	173	253
1951	187	272
1952	191	281

Jahr	Lebenshaltungskosten*	Pro-Kopf-Einkommen**
1953	193	291
1954	193	291
1955	193	304
1956	196	318
1957	201	326
1958	208	339
1959	210	352
1960	213	361
1961	215	369
1962	218	384
1963	220	396

** Quelle: Amtlicher Verbraucherpreisindex (USA), umgerechnet ausgehend vom Basiswert 1957–59.*
*** Quelle: Amtliche Schätzung (USA) des verfügbaren Pro-Kopf-Einkommens in USD, umgerechnet auf den Basiswert für 1939. Economic Report of the President, Januar 1964, S. 227.*

Zunächst sollten Sie herausfinden, ob Sie gemessen an Ihrem *absoluten* Einkommen wirtschaftlich besser oder schlechter gestellt sind als vor einigen Jahren. Schreiben Sie Ihr Nettoeinkommen in einem beliebigen Jahr auf, fügen Sie zwei Nullen hinzu und teilen Sie den Betrag durch die Lebenshaltungskosten für dieses Jahr. Nehmen Sie anschließend Ihr gegenwärtiges Nettoeinkommen, fügen Sie zwei Nullen hinzu und teilen Sie das Resultat durch den letzten Wert in der Spalte (in dem Fall für 1963).

Wenn Ihr derart berechnetes gegenwärtiges Einkommen höher als ihr so berechnetes Einkommen im vergangenen Jahr ist, dann ist Ihr *Realeinkommen* gestiegen. Andernfalls haben Sie einen Einkommensverlust erlitten.

Sehen wir uns zur Veranschaulichung ein Beispiel an. Nehmen wir an, Ihr Nettojahreseinkommen lag 1963 bei 5000 Dollar. Im

Jahr 1939 verdienten Sie 2500 Dollar. Da Sie Ihr Einkommen im Jahr 1939 mit 100 multiplizieren und durch 100 teilen, bleibt es unverändert: Sie verdienten 2500 Dollar. Aber Ihr Einkommen im Jahr 1963 müssen Sie mit 100 multiplizieren und durch 220 dividieren. So bleibt Ihnen im Jahr 1963 ein »Realeinkommen« (das heißt ein in Dollar mit der Kaufkraft von 1939 umgerechnetes Einkommen) von nur 2270 Dollar. Gemessen an dem, was Sie sich mit dem Geld leisten können, ist Ihr Einkommen also niedriger als im Jahr 1939.

Was ist, wenn Sie nicht nur wissen wollen, ob die Kaufkraft Ihres aktuellen Einkommens größer oder geringer ist als in einem der vergangenen Jahre, sondern auch herausfinden möchten, ob sich Ihr Einkommen in diesem Zeitraum besser oder schlechter entwickelt hat als das des Durchschnittsamerikaners? In einer modernen Volkswirtschaft wie der amerikanischen steigen nicht nur die Gesamtproduktion und damit das gesamte Realeinkommen, sondern auch die Produktion pro Kopf und das Realeinkommen pro Kopf jedes Jahr, da die Kapitalinvestitionen steigen und Maschinen und Produktionsverfahren weiterentwickelt werden. Aber das Einkommen mancher Personen steigt sehr viel mehr als das anderer. Das liegt teilweise daran, dass sie dank ihrer Fähigkeiten oder ihres Glücks bessere Positionen als früher bekleiden, aber es kann auch daran liegen, dass die Inflation normalerweise bestimmte Gruppen auf Kosten anderer begünstigt. Wie Sie sehen werden, haben Sie in den vergangenen zwei Jahrzehnten keinen proportionalen Anteil am Anstieg der realen Produktion des Landes gehabt, wenn Ihr Einkommensanstieg in den letzten zwei Jahrzehnten den Anstieg der Lebenshaltungskosten in diesem Zeitraum nicht *mehr* als ausgleicht.

Wenn Sie sich ein besseres Bild davon machen wollen, wie es Ihnen in Relation zu anderen ergangen ist, können Sie dieselbe Neuberechnung Ihres Einkommens in der dritten Spalte vornehmen wie in der zweiten. In diesem Fall müssen Sie jedoch zusätzliche Faktoren berücksichtigen (darunter das gesamte Familieneinkommen nach Steuern, die relative Zahl der Personen im Haushalt in den verglichenen Jahren usw.). Und ohne genaue Kenntnis jedes einzelnen Falls kann man unmöglich sagen, inwieweit die Wirkung der Inflation für das Ergebnis verantwortlich ist. Aber so mancher, der sich für einen Begünstigten der Inflation hält, dürfte sein Urteil nach dieser Berechnung korrigieren.

Kommen wir nun zum wichtigsten Grund dafür, dass die Inflation so großen politischen Reiz ausübt. Gemeint ist die Überzeugung, sie sei nötig, um die »Vollbeschäftigung« zu erhalten.

Unter besonderen Umständen kann die Inflation tatsächlich eine Wirkung haben. Wenn im Anschluss an einen Boom Fehlanpassungen verschiedener Art einen Zusammenbruch von Nachfrage und Preisen verursachen, die Gewerkschaften jedoch ausgleichende Lohnkürzungen verweigern, wird es natürlich Arbeitslosigkeit geben. In einem solchen Fall kann eine Dosis Inflation die Kaufkraft des Geldes bis zu einem Punkt anheben, an dem die alte Menge an Gütern einmal mehr zu den alten Preisen gekauft wird, und anschließend kann die Beschäftigung auf dem alten Lohnniveau wiederhergestellt werden.

Aber die Wiederherstellung der Vollbeschäftigung hätte genauso gut erreicht werden können, wenn die Gewerkschaften einfach die nötigen Lohnkürzungen akzeptiert hätten. Das wäre tatsächlich kein Opfer gewesen, da die Lohnkürzungen aufgrund des Preiseinbruchs lediglich groß genug hätten sein müssen, um das *reale* relative Lohnniveau (die Löhne gemessen an der Kaufkraft) stabil zu halten.

Um die Vollbeschäftigung unter solchen Bedingungen wiederherzustellen, wäre auch keine *allgemeine* oder *einheitliche* Lohnkürzung erforderlich. Es müssten nur jene Löhne gesenkt werden, die aus dem Gleichgewicht geraten sind und das Wirtschaftsgefüge durcheinanderbringen.

Selbst wenn wir die Inflation immer weitertreiben und die Gewerkschaften weiterhin Lohnerhöhungen durchsetzen, die den Preisen davonlaufen, werden wir trotz Inflation und höheren Preisen die Arbeitslosigkeit nicht beseitigen.

Was wird geschehen, wenn wir weiterhin versuchen, unsere Probleme mit immer neuen Inflationsschüben zu lösen? Zweifellos werden die Preise weiter steigen. Aber dieser Preisanstieg ist keine Garantie für die Wiederherstellung der Vollbeschäftigung. Wie wir gesehen haben, hängt diese von einer ausgewogenen wirtschaftlichen Gesamtsituation und insbesondere von der richtigen Beziehung zwischen Preisen und Löhnen ab.

Es besteht immer die Gefahr, dass eine hohe oder lang anhaltende Inflation außer Kontrolle gerät. Wer die naive Vorstellung hegt, unsere Währungshüter oder irgendeine andere Gruppe hätten eine Formel, anhand deren sie für eine »schleichende Inflation« mit einer stabilen jährlichen Teuerungsrate von 2 oder 3 Prozent sorgen könnten, begeht einen schweren Fehler. Selbst wenn es nicht extrem schwierig wäre, die Geld- und Kreditmenge exakt zu steuern, gibt es keine Gewähr dafür, dass eine bestimmte jährliche Erhöhung der Geldmenge eine proportionale Teuerung bedingen wird. Im Gegenteil, das Wissen um die Existenz einer solchen geplanten Inflation würde das Vertrauen in den Wert des Dollar untergraben. Die Folge wäre eine galoppierende Inflation, die rasch vollkommen außer Kontrolle geraten könnte.

Wann immer die Inflation ein kritisches Maß übersteigt (wann dieser Punkt erreicht ist, können wir unmöglich im Voraus wissen), werden die von ihr verursachten sozialen Schäden mit Sicherheit jeden anfänglichen Nutzen aufwiegen und übersteigen. Die Inhaber von Anleihen oder Sparguthaben begreifen, dass der Wert ihrer Ersparnisse gemessen an der Kaufkraft unablässig sinkt. Diese Erkenntnis bewegt die Menschen dazu, der Sparsamkeit den Rücken zu kehren. Die gesamte Struktur der Produktion gerät durcheinander. Die Unternehmen werden in die Irre geführt, da die Inflation ihre Bücher verfälscht. Ihre Lagergewinne sind eine Illusion. Sie berechnen die Wertverluste nicht richtig. Die Manager können unmöglich herausfinden, inwieweit die Gewinne, die auf dem Papier stehen, real sind. Aber auf dem Papier *wirken* diese Gewinne größer und größer. Die Folge ist, dass Demagogen den Unternehmen »Gewinnsucht« vorwerfen und den Klassenhass gegen die Unternehmer schüren.

Die Inflation macht es möglich, dass manche Leute statt durch harte Arbeit durch Spekulation und glückliche Fügung reich werden. Sie belohnt den Spieler und bestraft den Sparsamen. Sie verschleiert und ermutigt Verschwendung in der Produktion. Und letzten Endes demoralisiert sie die gesamte Gesellschaft. Sie begünstigt Spekulation, Vergeudung, Luxussucht, Neid, Ressentiment, Unzufriedenheit, Korruption, Kriminalität und zunehmenden Interventionismus, der zur Diktatur führen kann.

Wie lange wird die Inflation andauern? Wie weit wird sie gehen?

Niemand kann diese Fragen mit Sicherheit beantworten. Die Antwort liegt in den Händen des amerikanischen Volkes. Fest steht, dass die Inflation weder nötig noch unvermeidlich ist. Es liegt an uns, zwischen Chaos und Stabilität zu wählen.

Über den Autor

HENRY HAZLITT (1894–1993) gilt als einer der brillantesten Intellektuellen des 20. Jahrhunderts und schrieb für bedeutende Medien wie *Wallstreet Journal*, *New York Times* oder *Newsweek*. Er gilt als der populärste und prinzipientreuste Vertreter der Österreichischen Schule und steht in der Tradition von Mises, Hayek und Rothbard.

Wir schaffen das – alleine!

Andreas Marquart | Philipp Bagus

»Nur die Vereinigten Staaten von Europa werden es den Europäern ermöglichen, im Wettbewerb mit Asien und Amerika bestehen zu können!« Diese These ist zum zentralen EU-Glaubenssatz ohne Alternative geworden und wird ohne jede Rücksicht auf Kosten oder den Widerstand der Bevölkerung verfolgt. Tatsächlich aber, so zeigen die beiden Bestsellerautoren Andreas Marquart und Philipp Bagus, gedeihen in riesigen, zentralistisch organisierten Staatsmolochen weder Innovation noch Freiheit, sondern Bevormundung, Korruption und Verschwendung. Freiheit und Wohlstand hingegen zeichnen Klein- und Kleinststaaten aus. Diese sind nicht nur weitaus besser gegen Korruption gefeit, sondern auch – das zeigen historische und gegenwärtige Beispiele – sehr viel friedliebender. Gerade deshalb lohnt sich eine scharfsinnige Analyse der gebetsmühlenartigen Behauptung »Groß ist einfach besser«, denn vielmehr ist das Gegenteil der Fall.

ca. 120 Seiten | Hardcover | 14,99 € (D) | 978-3-95972-043-4

Eine Einführung in die Austrian Economics

Rahim Taghizadegan

Je absurder die Geldpolitik und je panischer die Wirtschaftspolitik, desto drängender wird die Suche nach ökonomischen Alternativen. Die Österreichische Schule der Nationalökonomie oder Austrian Economics – eine konträre Denkrichtung zur Mainstream-Ökonomie – ist eine solche Alternative. Im Wien des späten 19. Jahrhunderts entstanden, brachten es Ökonomen dieser Denkrichtung mit Friedrich August von Hayek sogar bis zum Wirtschaftsnobelpreis. Rahim Taghizadegan fasst die wesentlichen Einsichten der Österreichischen Schule der Nationalökonomie erstmals bündig zusammen. Er stellt die wichtigsten Vertreter und Grundsätze vor, ordnet ihr Schaffen ein und zeigt, warum eine Neubesinnung auf eine realistische Ökonomie notwendiger denn je ist. Denn die Politik der Wirtschafts-»Experten« hat erst unlängst zu einer der größten Finanzkrisen der letzten hundert Jahre geführt.

192 Seiten | Broschiert | 9,99 € (D) | 978-3-95972-008-3

Wirtschaft wirklich verstehen

Rahim Taghizadegan

Wenn es etwas Gutes an Krisen gibt, so zumindest, dass man – posthum – darüber nachdenkt, ob und wie die Katastrophe hätte verhindert werden können. Die jüngste Wirtschaftskrise wurde zumindest vorhergesehen, und das sehr präzise. Vollbracht hat das kein bekannter Prophet wie George Soros, sondern ein kleiner akademischer Kreis von Volksökonomen in den USA. Diese besinnen sich seit den Siebzigerjahren aus guten Gründen zurück auf die sogenannte Österreichische oder Wiener Schule. In seinem grundlegenden Werk zeigt der Wirtschaftsphilosoph Rahim Taghizadegan, welche Faktoren für eine Fortsetzung der Forschung in der Tradition von Carl Menger, Eugen von Böhm-Bawerk, Ludwig von Mises und Friedrich August von Hayek sprechen. Der Nutzen einer Wissenschaft, die verlässliche Zukunftsprognosen und Warnsignale für die Gesellschaft liefert, kann nicht hoch genug bewertet werden. Daher ist das Plädoyer des Autors für eine Neuorientierung oder Rückkehr zum Denken der Wiener Schule mehr als verständlich. So verständlich wie sein richtungsweisendes Werk.

288 Seiten | Hardcover | 24,99 € (D) | 978-89879-624-8

Ludwig von Mises - Ein Lexikon

Michael Ladwig

Ludwig von Mises gilt zweifellos als einer der größten Intellektuellen des 20. Jahrhunderts. Es gibt kaum ein wirtschaftliches Thema, auf das der Philosoph des Liberalismus und Vordenker der Österreichischen Schule der Nationalökonomie in seinen Publikationen nicht eingegangen ist. Das Faszinierende daran: Seine Gedankengänge sind noch immer brandaktuell, seine Denkanstöße wie zum Thema Mindestlohn erschreckend visionär.

Michael Ladwig hat in liebevoller Detailarbeit das umfangreiche Werk Ludwig von Mises' analysiert und ein Lexikon zusammengestellt, das eine Orientierungshilfe in der Philosophie Ludwig von Mises' bietet. Leicht verständliche Artikel beleuchten Mises' Gedanken von A wie Anarchismus bis Z wie Zwang, mal in ein paar Sätzen auf den Punkt gebracht, mal über mehrere spannende Seiten.

304 Seiten | Hardcover | 24,99 € (D) | 978-3-89879-979-9

Ludwig von Mises – Leben und Werk für Einsteiger

Thorsten Polleit (Hrsg.)

Ludwig von Mises (1881–1973) gehört zusammen mit Friedrich August von Hayek zu den wichtigsten Vertretern der Österreichischen Schule der Nationalökonomie. Er gilt als bedeutendster Wirtschafts- und Geldtheoretiker des zwanzigsten Jahrhunderts. Erstmals geben vier profilierte und ausgewiesene Kenner der Arbeiten von Mises' einen Einstieg in die Lehren und Sichtweisen des großen Ökonomen. Hans-Hermann Hoppe gibt eine Einführung in Ludwig von Mises' Leben, sein Werk sowie den Liberalismus. Jörg Guido Hülsmann beleuchtet Mises' Geldtheorie. Philipp Bagus widmet sich seiner Staats- und Interventionismuskritik und Herausgeber Thorsten Polleit erläutert von Mises' wissenschaftliche Methode.

160 Seiten | Broschiert | 14,99 € (D) | 978-3-89879-824-2

Economics in one Lesson

Henry Hazlitt

In kaum einem Bereich spuken so viele Irrtümer herum wie in der Ökonomie. Zudem sind sie so weit verbreitet, dass sie als gültige Lehrmeinung angesehen werden. Themen wie staatliche Zinsmanipulation, Sparen, Inflation, Mindestlöhne oder Branchenrettung, wie die der Reisebranche, sind aktueller und missverstandener denn je. Deshalb ist es wichtig zu wissen, was wirklich hinter den Begriffen steckt, wie sie zusammenwirken undwelche praktischen Folgen (staatliche) Eingriffe haben. Niemand könnte ein Verständnis wirtschaftlicher Grundlagen besser vermitteln als Henry Hazlitt. Als einer der ganz Großen der Österreichischen Schule wird er in einem Atemzug mit Mises, Hayek und Rothbard genannt. Seine Begabung für elegante, populäre Darstellungen wirtschaftlicher Zusammenhänge hat dieses Buch entstehen lassen. In 24 kurzweiligen Kapiteln vermittelt er sein umfassendes Wissen, von Steuern über die Idee der Vollbeschäftigung bis zu Preisen und Inflation.

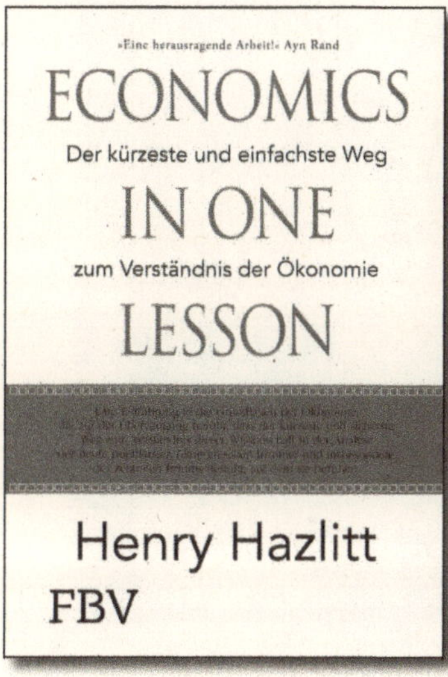

272 Seiten | Hardcover | 15,00 € (D) | 978-3-95972-605-4

Gold

James Rickards

James Rickards, weltweit bekannter Ökonom und Bestsellerautor von *Währungskrieg* und *Die Geldapokalypse*, weiß: Eine Golddeckung unserer Währungen würde eine Vielzahl der aktuellen wirtschaftlichen Probleme lösen. Die Märkte würden beruhigt und die Gefahr einer Inflation deutlich gesenkt. Doch dazu müssten Zentralbanken und Politik endlich einsehen, dass das Loslösen der Währung von einem Goldanker ein Irrweg ist. Noch ist es nicht zu spät.

Rickards neues Werk zeigt praktikable Wege auf, die Fehlentwicklungen in unseren Währungssystemen umzukehren, und hält zudem Strategien für Sie als Privatanleger vor, um sich vor der nächsten schweren Krise von ungedecktem Geld zu schützen.

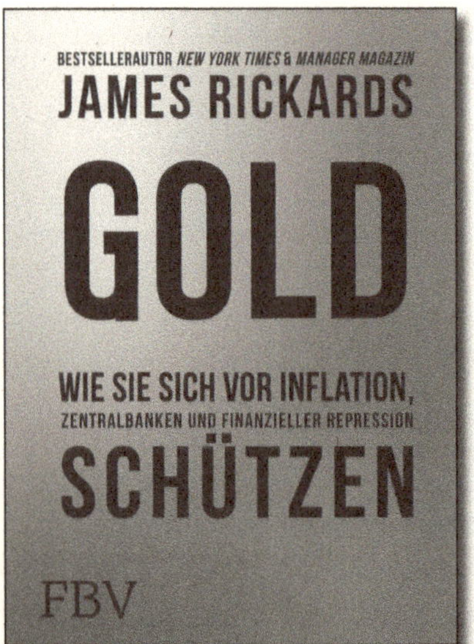

208 Seiten | Hardcover | 19,99 € (D) | 978-3-95972-000-7

Ludwig von Mises

Thorsten Polleit

Ludwig von Mises gilt als einer der bedeutendsten wirtschafts und sozialwissenschaftlichen Denker des 20. Jahrhunderts. Er erkannte in der Logik des menschlichen Handelns den Dreh- und Angelpunkt der Volkswirtschaftslehre und revolutionierte damit die Denkweise ganzer Generationen von Ökonomen. Mises' wissenschaftliche Erkenntnisse sind nicht nur zeitlos, gerade heute sind sie mehr denn je gefragt, um die wirtschafts- und gesellschaftspolitischen Debatten über die drängenden Probleme der Zeit gehaltvoll führen und zu sinnvollen Lösungen gelangen zu können.
Dieses Buch ist eine leicht verständliche Einführung in Mises' umfangreiches Werk und die darin ausgebreiteten Erkenntnisse: die Unmöglichkeit des Sozialismus, die wohlfahrtsfördernde und friedenstiftendeWirkung des Liberalismus, die Gefahren des Interventionismus, das Wesen des Geldes, die Ursache von Wirtschafts und Finanzkrisen und anderes mehr.

304 Seiten | Hardcover | 18,00 € (D) | 978-3-95972-529-3